U0330135

C. S. Lewis.

返 璞 归 真

纯 粹 的 基 督 教

M E R E

CHRISTIANITY

【英】C.S.路易斯 著　汪咏梅 译

华东师范大学出版社

上海

华东师范大学出版社六点分社　策划

谨以此书纪念C.S.路易斯逝世五十周年。

目　　录

译　者　序

　　本书的作者 C. S. 路易斯（C. S. Lewis）是牛津和剑桥大学杰出的英国文学教授、20 世纪最有影响力的基督教诗人、儿童文学作家、科幻小说家和通俗神学家，素有 20 世纪英国最有力的基督教代言人、"向怀疑者传福音的使徒"之称。本书是他的代表，在 2000 年《今日基督教》杂志评选的"改变 20 世纪的一百本基督教书籍"中排名第一，自 1952 年问世以来一直是畅销书籍，每年销售量约 25 万册。2005 年去世的教皇若望·保禄二世曾称自己深受本书影响。前白宫"打手"、尼克松总统的特别顾问、令美国最有权势的政客也闻声色变的查尔斯·科尔松，在因"水门事件"入狱前夕读到本书，皈依基督教，当时《波斯顿环球报》报道说："如果科尔松都能够悔罪,则人人都有希望。"科尔松出狱后创立"(国际)监狱团契宣教会",致力于在囚犯、刑满释放人员及其家人中宣教,至今已 30 余载。

C. S. 路易斯 1898 年 11 月 29 日出生于北爱尔兰的贝尔法斯特,1963 年 11 月 22 日去世,同一天美国总统肯尼迪遇刺身亡,这一举世震惊的消息冲淡了大西洋两岸路易斯的忠实读者对他去世的哀悼。路易斯从小受到古典文化的熏陶,大学就读于牛津,获古典人文学科、哲学、文学三个优等学士学位,为牛津大学史上所罕见。他少年时背弃基督教,此后浸淫于北欧神话、神秘学、新黑格尔主义等各种哲学思潮,中年时重新皈依基督教,自此开始了他的护教生涯。路易斯集坎坷的经历、坚定的信仰、不懈的热情、渊博的学识、深刻的洞见、严密的逻辑、清楚的语言、丰富的想象力及多种文学天赋于一身,善于借助不同的体裁——神话、童话、书信、科幻小说、奇幻文学、通俗神学著作等等——传达基督教信仰的核心信息,为基督教作了极其有力的辩护和极其清晰的解说。除《返璞归真》之外,他的《魔鬼家书》(亦作地狱来信)和《纳尼亚传奇》(七卷)也入选"改变 20 世纪的一百本基督教书籍"之列。后者自上个世纪 50 年代陆续问世以来,销售大约一亿册,堪称西方儿童文学的经典,已经被翻译成 30 多种语言。

2006 年在中国上映的迪斯尼影片"纳尼亚传奇"即是根据该系列的第一部——《狮子、女巫和魔衣柜》改编拍摄而成，该片在美国的票房收入达 10 亿美元。

在第二次世界大战期间英国遭受纳粹轰炸时，路易斯曾多次应邀到英国皇家空军基地和英国广播公司（BBC）就人类面对苦难和死亡如何坚定信仰发表演讲，极大地鼓舞了英国军民的士气，当时英国人最熟悉的声音除首相丘吉尔之外，便是 C. S. 路易斯。他在英国广播公司的讲话后来结集出版，便是这本《返璞归真》。在该书中，路易斯以平信徒之身份，用极其通俗的语言、生动的类比、缜密的推理，阐述了"各个时代几乎所有的基督徒都共同持守的信仰"。

如果你对基督教不甚了解，却又对这门拥有世界人口三分之一信众的宗教感到好奇，《返璞归真》是最好的为你解释基督教信仰的书籍之一。如果你是一位知识分子，对基督教有所了解，但从理性上又无法接受，这也许是最适合你对之进行理性思考的书籍。在这里，你会发现一位和你一样重视理性的严肃学者在剖析基督教信仰的合理性，这个人以一种开放的态度说："一个人若经过最慎重的推理，得出结论说基督教信仰没有充分的根据，我请求他不要接受基督教。"如果你是一位基督徒，本书对于你将是一个灵性的源泉，因为路易斯对真理的执著和他来自深刻的信仰体验的洞见，会让你从中汲取众多的滋养。

《返璞归真》出版至今，半个世纪已经过去。因为它谈论的是永恒的话题——上帝、信仰、自我、性、爱、罪、宽恕、救赎、道德律等等，今天读到它时，我们会发现其内容仍然切合时代，与我们息息相关。读路易斯的书，尤其是这部代表作，你会欣赏到一代文学大师简练、优美、准确的语言，触摸到他深邃睿智的思想，相信你会和很多人一样，读到精彩之处，不禁击节叫好。这本书曾引发无数人去郑重地思考宇宙、人生和自我存在的意义，从而改变了他们的生命，希望它对你也具有同样的价值。

本书的书名采用的是余也鲁教授译本的译名，因为本书讲述的是"核心"、"纯粹"的基督教，书名似乎没有比"返璞归真"更简洁准确的了。在本书翻译的过程中，译者对余教授的译本时有参考，对何可人小姐在《从岁首到年终——C. S. 路易斯经典选粹》中涉及本书内容的翻译也有所借鉴，在此对二位表示感谢。中国人民大学的何光沪教授出于一个学者的责任和高深的情怀，对本书的翻译给予了鼓励和协助，台湾的林鸿信教授也对本书的新译本抱有很高的期待，在此谨向两位学者表示敬意。本书译稿承蒙汪永美小姐辛苦打印，在此对她表示感谢。

　　由于译者水平有限,本书的译文肯定存在很多错误和不足,恳请读者批评指正。

汪咏梅

2007 年 1 月

于北京

原　序

这本书要求读者在阅读时联系其历史背景,把它看作是在一个疯狂的世界讲述故事、医治创伤的勇敢举动。1942年,在一场毁灭了整整一代年轻人的残酷战争之后仅仅24年,英国再次卷入战争。这一次,遭受苦难的是普通的平民百姓,在臭名昭著、改变战争面目的闪电空袭[1]中,这个小小的岛国一夜遭到400架飞机的狂轰滥炸,一座座城市变为前沿阵地。

C. S.路易斯年轻时曾在第一次世界大战中服役,蹲过可

---

[1]　关于空袭和英国皇家空军飞行员,参看 William Griffin 所著《C. S. 路易斯——戏剧性的一生》(Holt & Rinehart 出版社,1986)中1941与1942年的部分。

怕的战壕。1940年纳粹开始轰炸英国时，他肩负起自己的责任，担任空袭民防队员，向英国皇家空军发表演讲。他知道在执行13次轰炸任务之后，大多数的皇家空军将被宣布死亡或者失踪，他们的处境促使他去谈论苦难、痛苦和恶的问题。由于这些演讲，英国广播公司（BBC）邀请他于1942至1944年间就基督教信仰发表一系列战时广播讲话。这些讲话后来结集成书，便是我们今天所知道的《返璞归真》。

这本书的内容不是学术性的哲学沉思，而是战时对普通大众的讲话。当时人们每天打开收音机，听到的都是死亡和战争造成的难以形容的破坏，突然间他们听到一个充满智慧、幽默、探究的声音谈论公道、正当人道的行为、明辨是非的重要性，可以想象这是多么地奇怪。应英国广播公司邀请，路易斯承担起向自己的同胞解释基督教信仰的任务，仿佛这是世界上最简单同时也是最重要的工作。

我们不禁感到奇怪，与最初的听众密切相关的那些比喻——那幅把我们的世界描述成敌战区、正遭受着强大的、一心想要毁灭一切善的恶势力侵袭的画面——今天似乎依然真实。一切现代性和进步的观念、一切技术工艺的发展都没有结束战争；宣称罪的观念已经过时也没有减少人类的苦难；责备科技或者宗教没有解决问题，这个问题在路易斯看来始终是**我们自己**。无论何时我们屈服于体制的或个体的恶，仿佛这是唯一的选择，我们这个世代就是几千年前《诗篇》的作者和先知们谴责的弯曲悖谬的世代。

一位朋友曾经称路易斯为"爱上想象的人"。他相信，心安理得地接受现状不只是反映了人的胆怯。在《返璞归真》中，如同在他更富有想象力的《纳尼亚传奇》和科幻小说中一样，路易斯对想象力揭示人类真实的处境、给人类带来希望的能力表现出极大的信心。"最长的弯路也是最近的归途"，①这既是寓言的逻辑，也是信仰的逻辑。

路易斯不是以权威者的身份，而是从一位曾经是无神论者的平信徒的身份发表讲话。他告诉听众，自己之所以被挑选担任向新一代讲述基督教信仰的任务，正是因为他不是专家，"并非老手，只是一位业余爱好者……初出茅庐。"②他告诉朋友们，自己接受这份任务是因为他相信，已经开始视自己为"后基督教"世界一分子的英国实际上从未有人用基本的语言向它解释过基督教。像前辈克尔凯郭尔及同辈朋霍费尔一样，路易斯在《返璞归真》中力求帮助我们以一种新的眼光看待基督教，将它视为一种激进的信仰，其信徒被喻为一个地下组织，他们聚集在一个邪恶似乎得势的敌战区，在那里收听从

---

① 引自《返璞归真》。
② 路易斯 1942 年 1 月 11 日的广播讲话中的内容，引自《C. S. 路易斯——戏剧性的一生》。

另一方传来的充满希望的消息。

路易斯的"纯粹的"基督教不是一种可供考虑、争论的哲学，甚至不是神学，可以收拾起来写入书中，束之高阁。它是一条生命之道，要求我们时刻记住："不存在普通人，我们嬉笑、共事、结婚、冷落、剥削的对象都是不朽的人①。"路易斯相信，一旦我们的行为符合这样的现实，我们就敞开了自己，充满想象力地改变了自己的生命，邪恶就会减少，良善就会得胜。这是基督在道成肉身、既而要我们向彼此彰显上帝时要求我们做到的。

世界也许让你觉得这一切似乎不可能，路易斯却坚持认为这是可能的。即使"在一个充满了庸俗的嫉妒和毫无意义的争吵的家庭中长大、深受其害"②的人，也可以确信，上帝知道"你努力驾驶的那辆车有多破"，他只是告诉你要"继续努力，尽自己所能。"路易斯所拥护的基督教富有人情味，但实践起来并不容易：它要求我们认识到，这场宗教大战不是在引人注目的战场，而是在普通人的内心展开。每天早晨当我们睁开双眼，感到这一天的压力蜂拥而至时，我们必须决定自己希望做什么样的不朽者。也许它会帮助我们记住，正如它帮助

_____

① 引自路易斯1941年6月8日的讲道，题目为"荣耀的重负"。
② 引自《返璞归真》。

❧ 4 ❧

那些最初听到这些讲话、因战争而筋疲力尽的英国人记住的那样，对那些不惜一切代价追求权力的人，上帝向他们开了一个极大的玩笑。路易斯以他惯常的风趣和幽默提醒我们，"古往今来的大暴君、大征服者千篇一律地相像，而那些圣徒却令人瞩目地不同。"①

凯思琳·诺瑞斯

---

① 引自《返璞归真》。

前　言

　　这本书的内容最初在广播节目中播出,后来以《广播讲话》(1942)、《基督徒的行为》(1943)和《超越人格》(1944)的名字分作三册发表。在付梓成书时,我对原先在广播中所讲的内容作了一点补充,其他地方基本保持了原貌。我认为,广播讲话应该尽量接近真实,听起来不应该像在朗读文章,所以,在广播讲话中我采用了平常谈话中使用的省略形式和口语。出书时,我又把它们还原了回去,用 do not 代替了 don't,we have 代替了 we've。在广播讲话中,我想突出一个词的重要性时就加重这个词的语气,在成书时这些词都改用了斜体表示。现在我几乎认为这是一种错误,是在说话的艺术和写作的艺术之间进行了一个不恰当的糅合。讲话者为了强调应该使用不同的语气,他的表达手段很自然地让他使用这种方法。但是,作家不应该为了同样的目的而使用斜体,他有其他的方式来引出关键词,应该利用这些方式。在这个版本中我又增加了省略形式,把原先用斜体词的大部分句子都重新改写了一下,(希望)没有改变我一直想要保持的那种"通俗的"或者说"熟悉的"口吻。对有些问题,我认为自己的认识比十年前更深刻,原先的版本有些地方遭到了误解,在这些地方我都作了一些增减。

我应该提醒读者,对任何一个在基督教的两个"教派"之间犹豫不决的人,我不能给他提供任何帮助,从我这里你无法获悉自己应该成为圣公会教徒,还是卫理公会教徒、长老会教徒或天主教教徒。我有意在自己的书中省略了这一部分。我丝毫不隐瞒自己的立场,我是英国国教会的一个极其普通的平信徒,既不属典型的"高派",也不属典型的"低派",或任何其他典型的派别。但是,在本书中我并不想劝说别人站到和我同样的立场上来。自从成为基督徒以后,我就一直认为,我为那些不信教的"邻人"所能做的最好的事,可能也是唯一的事就是向他们解释各个时代几乎所有的基督徒都共同持守的信仰,并为这个信仰辩护。我之所以持这种观点有多方面的原因。首先,那些让基督徒之间产生分裂的问题往往涉及高级神学,甚至教会历史,这些问题应该永远留给真正的专家来讨论。这些问题我自己也不能理解，我非但不能帮助别人，自己还需要帮助。其次，我认为我们必须承认，讨论这些有争议的问题根本不可能将一个教外人士引领到基督教会中来。对这些问题，无论我们写什么、说什么，我们不但不大可能让他加入我们的团契，还极有可能妨碍他进入任何一个基督教团契。除了在那些已经相信存在着一位上帝、耶稣基督是他的独生子的人面前，这些分歧永远都不应该讨论。最后，我认为，讨论这类有争议的问题的作家无论在数目上还是在天赋上，都远远超过了为"纯粹的"基督教辩护的作家（"纯粹的"基督教一词出自巴克斯特①）。我认为自己能够发挥最佳作用的阵线也是看上去最薄弱的阵线，所以我理所当然地加入了那段阵线。

我认为自己的目的就是这些。在一些争议性的问题上我保持沉默，如果你们不因此作一些臆想的推测，我会感到非常高兴。

这种沉默不代表我自己抱一种骑墙的态度。基督徒之间争论的有些问题，我认为还没有人告诉我们答案；有些问题我也许永远不会知道答案。倘若我问这些问题，即使在一个比现在更好的世界里，（就我所知）我得到的答复也可能与一个

———————

① 巴克斯特（1615－1691），英格兰基督教清教牧师。——译注

远比我伟大的提问者①得到的相同,那就是,"与你何干? 你跟从我吧!"②但是有一些问题我确实有自己的看法,只是没有说出来,因为我写作的目的不是要阐述"我自己的宗教",而是要阐述"纯粹的"基督教,那种不管我是否喜欢,在我出生之前就已这样,现在仍然这样的基督教。

我只在声明基督由童贞女所生时才提到圣母马利亚,有些人便由此得出一些没有根据的结论。我对圣母马利亚不作更多的谈及,原因不是很明显吗? 多说就会立刻将我卷入极有争议的领域,基督徒之间在这点上的争议最需慎重。在这个问题上,天主教徒不但以所有真诚的宗教信仰都普遍具有的那种热情持守着他们的信念,而且还(很自然地)以一种独特的,在某种程度上说侠义的敏感来持守它们,这种敏感是男人在自己的母亲或爱人的名誉受到威胁时即会产生的。所以,当你和他们意见有分歧时,他们就很难不把你看作异端,外加无礼之徒。恰好相反,新教徒在这个问题上的对立观点唤起的情感可以追溯到所有一神教的原始根源。在激进的新教徒看来,造物主和造物(无论它多么神圣)之间的区别有被抹杀的危险,多神教又复活了。所以,当你和他们意见有分歧

---

① 指耶稣的门徒彼得。——译注
② 参见《约翰福音》21:22。——译注

时,他们就很难不把你看得比异端还坏,你就是一个异教徒。若有什么话题绝对能使一本有关"纯粹的"基督教的书身败名裂,若有什么话题能使尚未相信那位童贞女之子即是上帝的人读了而全然无益,那无疑就是这些了。

奇怪的是,从我对争议性的问题保持沉默当中,你甚至无法断定我究竟认为它们重要还是不重要。因为是否重要本身就是一个争议性的问题,基督徒之间的分歧之一就是分歧的重要性问题。两个不同教派的基督徒往往争议不了多久,其中一个就会问:某某问题是否"真的重要"? 这时另一个人就会回答说:"重要? 这绝对是最根本的问题。"

我讲这一切只是想让读者明白这本书的性质,我无意隐瞒自己的信念,也无意逃避对其所负的责任。对于这些信念,我前面说了,我毫不隐瞒,引用大家常说的话就是:"这些信念都写在公祷书中。"

这样带来的危险是显然的,我可能会把英国国教会特有的,(更糟糕的是)把我自己特有的东西作为基督教共同的东西提出来。为了尽量避免这种危险,我把本书第二部的原稿寄给了四位教士(圣公会的、卫理公会的、长老会的和天主教会的),征求他们的批评。卫理公会的教士认为我对"信"讲得不够充分,天主教会的教士认为我在解释赎罪时过分贬低了理论的重要性,其余的内容我们五个人观点都一致。我没有请人对这本书的其他部分进行类似的"审查",因为这些部分的内容基督徒之间可能会产生分歧,但是这些分歧只存在不同个人或不同思想方式之间,而非不同教派之间。

根据书评及收到的大量的来信判断,这本书(不管在其他方面有怎样的缺陷)至少成功地向人们展现了一个大家均认可的,或者说共同的、核心的、"纯粹的"基督教。这样,人们可能就不会认为,省略了那些争议性的问题之后,剩下的就只是一个含含混混、没有生气的最大公约数。实际上,这个最大公约数不但明确而且醒目,它和一切非基督教的信念之间有一条深渊之隔,基督徒之间最大的分裂也无法真正与这条深渊相比。倘若我没有直接为基督教的团结事业作出贡献,我或许让人们清楚地看到了团结的必要性。从其他教派坚定的信徒那里我几乎没有遇到想象的神学方面的反对意见,对我的反对更多地来自英国国教会内部或外部的边界人群,即那些没有明确地归属任何教派的人。这对于我是一个不可思议的安慰。在她①的核心,在她真正的子民聚集的地方,各教会在灵里面(倘若不在教义上)彼此最为接近。这说明尽管有种种信念的分歧、种种性情的差异、种种相互迫害的记忆,在每个教会的中心都有一个东西或一个人在用同样的声音说话。

---

① 指普世教会。——译注

我对自己在书中不谈教义的解释即到此。本书的第三章论及道德,在此我对有些问题也避而不谈,是另有原因的。自从第一次世界大战中在陆军服役,我就非常讨厌那些身处安全舒适之中、激励前线士兵的人。因此,我不愿意多谈自己面临不到的诱惑,我想,没有谁会受到引诱去犯一切的罪。那种促使男人去赌博的冲动我碰巧没有(毫无疑问,我也为此付出了代价,我缺乏某种良好的冲动,赌博的冲动就是这种冲动的一种过度或变态的形式),因此,我觉得自己没有资格就赌博合法性问题提出建议(假如有合法的赌博的话),因为我连是否存在合法的赌博都不知道。我对计划生育也没有发表任何意见。我不是女人,甚至没有结婚,也不是牧师。我认为我不适合在自己不会遇到的痛苦和危险和无须承担任何代价的事情上持坚定的立场。我也不担任教职,没有责任这样做。

对我用基督徒这个词来指接受了基督教共同教义的人,有人可能更加反对,实际上已经有人表达出了这种反对。他们问:"你是谁,竟然可以确定谁是基督徒,谁不是基督徒?"或者问:"比起那些相信这些教义的人,很多不信的人岂不更像真正的基督徒,更接近基督的精神吗?"这种反对从某个角度来说很正确、很宽容、很灵性化、很敏锐,它具备了一切可能的性质,唯独不具备实用性。按照这些反对者希望地去使用语言,就必然会产生严重的后果。我想通过回顾另外一个词的历史来阐明这点,这个词在重要性上远不及"基督徒"这个词。

绅士这个词最初代表一种标识,指的是一个佩带盾徽、拥有地产的人。称一个人为"绅士",不是向他表达敬意,只是在讲述一个事实。说他不是"绅士",也不是在侮辱他,而是在告诉一个信息。在那个时代,说约翰撒谎,同时又说他是绅士,一点也不矛盾,就像我们现在说詹姆士是傻瓜,又说他是文学硕士不矛盾一样。后来,有些人说(这种说法很正确、很宽容、很灵性化、很敏锐,什么都好,就是无用):"可是,毫无疑问,对于一个绅士来说最重要的不是盾徽和土地,而是行为,不是吗? 无疑,行为举止与绅士的头衔相称,才配称为真正的绅士,不是吗? 从这个意义上说,爱德华当然比约翰更像绅士,不是吗?"他们的想法很好。正直、谦恭、勇敢当然比佩带盾徽强得多,可是这不是一回事,更糟糕的是,这不是大家的共识。在这种新的、纯净的意义上称一个人为"绅士",实际上已经不是在告诉人们有关他的信息,而是在赞扬他,否认他是"绅士"就是在侮辱他。当一个词不再用作描述,纯粹表示赞扬时,它就不再告诉你有关对象的事实,只是告诉你说话者对那个对象的态度。(一顿"不错的"饭菜指的只是说话者喜欢的饭菜。)绅士这个词一旦被灵性化、纯净化,脱离了它原来粗俗的、客观的含义,指的几乎就是说话者喜欢的人,所以,绅士现在变成了一个无用之词。我们已经有很多表示赞扬的词,不需要再用它来表示赞扬。另一方面,假如有谁(比如说,在历史著作中)想要在过去的意义上使用这个词,他就必须作一番解释,因为这个词的含义已经发生改变,无法再表达它过去的意思。

现在,我们一旦允许人们将基督徒这个词的含义灵性化,使它变得深邃纯净,它也很快就会变成一个无用之词。首先,基督徒自己将永远无法将这个词运用在任何人身上。我们没有资格说谁在最深层的含义上接近或不接近基督的精神,因为我们看不到人的内心,不能论断别人,上帝也不允许我们论断别人。如果我们说谁是或不是这种纯粹意义上的基督徒,我们就太傲慢了,这种傲慢是有害的。显然,一个永远无法运用的词用处不大。至于非信徒,他们无疑很高兴在纯粹的意义上使用这个词,在他们的口中这只是一个表示赞扬的词,称一个人为基督徒,即意味着在他们的心目中这个人是好人。但是,这样来使用这个词绝不是丰富了语言,因为我们已经有了好这个词。同时,基督徒这个词的意思也已发生改变,不能如实地表达它原来的含义。

所以,我们必须保持它当初字面的含义。"基督徒"这个名称始于安提阿(《使徒行传》11:26),指"门徒",即那些接受了使徒教导的人。我们可以用这个词来专指那些从使徒的教导中充分获益的人,也可以把它引申到指那些从纯粹、灵性、内在的角度说,远比其他的门徒"更接近基督之精神的人"。在此涉及的不是神学或道德的问题,只是用词的问题,我们要让所有人都明白大家谈论的是什么。当一个人接受了基督教教义,行事为人却与之不相称时,说他是不好的基督徒比说他不是基督徒,意思要清楚得多。

我希望读者不要认为,我在此提出"纯粹的"基督教是要用它替代现行各教会的信条,仿佛一个人接受了它就可以不接受公理会、东正教等等似的。"纯粹的"基督教更像一个门厅,从这里有门通往不同的房间,我若能将人领入这个门厅,便达到了自己预期的目的。火炉、椅子、饭菜不在门厅,而在房间里,门厅不是住所,只是等候的地方。从这里你可以去试敲不同的门。就此而言,我认为最差的房间(不管是哪一间)也比门厅强。诚然,有些人可能发现自己需要在门厅等候相当长的时间,而另外一些人几乎立刻就能确定自己该去敲哪扇门。我不知道为什么会有这种差异,但我确信,上帝让人等候一定是因为他知道等候对此人有益。但是,你一定要把在大厅里的这段时间看作是等候,而不是安营扎寨,一定要不停地祈祷以求得到启示。当然,即使在门厅里,你也应该开始努力遵守整座房子里的人共同遵守的规则。最重要的是,你必须追问哪扇是真理之门,而不是看哪扇门的颜色和装饰最令你悦目。明白地说,你要问的永远不应该是:"我喜欢这种敬拜仪式吗?"你应该问:"这些教义是正确的吗? 神圣是否在这里? 是良心驱使我来到这里吗? 我不愿意敲这扇门是否出于骄傲,出于纯粹个人的喜好,或是因为不喜欢这位看门人?"

到达自己的房间后,你一定要友好地对待那些选择了与你不同之门以及仍在门厅等候的人。他们若错了,就越发需要你的祷告;他们若是你的仇敌,你要遵行诫命为他们祷告,①这是整座房子共同遵守的一条规则。

---

① 参见《路加福音》6:27—28——"你们的仇敌,要爱他;恨你们的,要待他好;咒诅你们的,要为他祝福;凌辱你们的,要为他祷告。"——译注

第一章

是与非——发现宇宙意义的线索

人性法

人人都听见过别人争吵，争吵有时候听起来很可笑，有时候只会令人不快。但是不管听起来如何，我相信，从他们所说的事情中大家都能够认识到很重要的一点。他们说："别人若这样对你，你有何感受？""这是我的座位，我先坐在这儿的。""随他去吧，又不会妨碍你什么。""你为什么插队？""给我吃点你的橘子，我把我的都分给你了。""得啦，你答应过我的。"人们每天都说诸如此类的话，不管是有文化还是没文化的人，不管是大人还是孩子。这些话让我觉得有意思的是，说话人不仅在说对方的行为碰巧令他不高兴，他还在诉诸他认为对方也知道的某种行为标准。对方很少回答说："让你的标准见鬼去吧。"他差不多总要极力证明自己做的事实际上并不违反这个标准，即使违反了，也有特殊的理由。他假装眼下有特殊的理由使先坐这个座位的人不该再坐在这里，或声称对方在分给他橘子时情况与现在大不相同，或出现了变故，他可以不信守自己的诺言。实际上，双方看上去都像知道且都认同某种有关公道、正当的行为、道德等法则或规则似的，否则二人就可能像动物那样去打架，而不会在人类的意义上去争吵。争吵的意思是极力表明对方错了，假如双方对是非没有某种共识，只极力表明对方错了毫无意义，正如没有共同认可的足球比赛规则，说一个球员犯规毫无意义一样。

这种是非律在过去被称为自然法。今天我们谈"自然规律"，指的通常是万有引力、遗传、化学规律等，但是以前的思想家称是非律为"自然法"时，他们指的实际上是人性法。他们的观点是：就像一切物体都受万有引力定律、有机体受生物规律的作用一样，人这种造物也有自己的规律。但是有一点重大的区别：物体不能决定自己是否服从万有引力定律，人却能决定自己服从还是违背人性法。

我们可以换一种方式来谈这个问题。人每时每刻都服从几套不同的规律，但是唯有一套规律他可以自由地违背。作为一个身体，他服从万有引力定律，不能违背这一规律，让他停留在半空中，不给他以任何支撑，他和石头一样只能掉下来；作为一个有机体，他服从各种生物规律，和动物一样不能违背这些规律。也就是说,和其他事物共有的那些规律他不能违背,但是人性中特有的规律,即不与动物、蔬菜、无机物共有的规律,他决定违背就可以违背。

这个规律在过去被称作自然法,因为人们认为人人天生就知道它,无需教授。当然,他们的意思并不是说你不会偶尔发现一个不知道它的怪人,就像你偶尔会发现几个色盲或音盲的人一样。但是就人类整体而言,他们认为,对何谓正当的行为人人都清楚明白。我相信他们是对的,倘若不对,我们对这场战争①发表的一切言论都是无稽之谈。倘若纳粹和我们不一样,不知道"是"客观地存在,应该在行动中体现出来,我们说敌人错了有什么意义?倘若他们根本不知道我们所说的"是"指的究竟是什么,我们可能仍需与他们作战,但不能为此责备他们,就像不能因他们头发的颜色责备他们一样。

我知道有人会说,我们没有充分的理由认为所有人都知道自然法或正当的行为规则,因为不同的文明、不同的时代有截然不同的道德观。

这样说不对。他们的道德观确实有差异,但是这些差异从来就没有达到迥然相异的程度。若有人肯花功夫去比较古埃及人、巴比伦人、印度人、中国人、希腊人、罗马人有关道德

---

① 第二次世界大战。——译注

的教导,他会对这些教导之间以及这些教导与我们自己的教导之间的相似而感到惊讶。有关这方面的证据我集中在另外一本书——《人的消解》的附录中,就眼下讨论的话题而言,我只想请读者去思考何谓截然不同的道德观。想象这样一个国家,在那里临阵脱逃受人钦佩,一个人为欺骗所有对自己极其友善的人而感到自豪。你若能想象这样一个国家,你还可以想象一个 $2+2=5$ 的国家。人在应该对谁无私这点上看法不一——是只对自己的家人、自己的同胞,还是对每个人——但是人人都认为你不应该把自己放在第一位,自私的品质从未受人钦佩。人对一个人应该娶一个妻子还是四个妻子看法不一,但是人人都认为你不能喜欢谁就可以占有谁。

可是最奇怪的事情是,无论何时你听见一个人说他不相信有真正的是非,你会发现他很快就自食其言。他可以不履行对你的承诺,但是你若想不履行对他的承诺,他立即就会抱怨说"这不公平"。一个国家可以说条约算不了什么,但转眼之间,他们就会出尔反尔,说他们想要撕毁的条约不公正。如果条约算不了什么,如果不存在是与非这类的东西,换句话说,如果没有自然法,公正的条约与不公正的条约有何区别?他们岂不是自露马脚,表明了无论说什么,自己都和别人一样确实知道自然法吗?

看来我们必须相信真正的是非确实存在。有时候人们可能会在这个问题上犯错误，不辨是非，就像有时候计算会发生错误一样。但是正如乘法表，是与非不只是个人的喜好与观点，它是客观的存在。大家如果都同意这点，我就开始进入下一个话题，那就是，没有人真正地遵守了自然法。你们当中若有人例外，我向你们表示道歉，你们最好去读别的书，因为我下面要说的内容与你们无关。现在，我们针对的是没有遵守自然法的普通人。

我希望你不要误会我下面要说的话。我不是在说教，上天作证，我并非假装自己比别人好。我只想请大家注意一个事实，那就是，今年，或者这个月，更有可能就在今天，我们希望别人做到的事自己没有做到。我们可能有各种各样的借口：那次对孩子很不公平是因为当时你太累了；那笔钱来得有点不正当（这件事你差不多都快忘记了）是因为当时你手头非常拮据；你答应了某某的事/却从未替他去办，唉，早知道自己这么忙就不答应他了；至于你对妻子（或丈夫）、妹妹（或弟弟）的行为，你会说，我若知道他们如此令人恼火，就早有心理准备，不以为怪了。话说回来，我究竟是谁？我和大家一样。也就是说，我也没有彻底地遵守自然法，一旦有人向我指出，我会立即加以搪塞。现在的问题不在于我们的借口是否恰当，关键是这些借口再次证明，不管我们是否愿意，我们对自然法都深信不疑。倘若不相信有正当的行为，我们为何要这样急于为自己行为不当寻找借口？事实是，我们深信有正当的行为，这个法则或律让我们良心不安，我们无法面对自己违反了它这一事实，因此我们竭力想推卸责任。因为你注意到，我们寻找所有这些借口都是为不当的行为辩护，我们只把坏性情归因于疲劳、焦虑、饥饿，而把好性情都归因于自己。

这就是我想要说明的两点：第一，全世界的人都有这种奇怪的念头，即人应该以某种方式去行动，并且人无法真正摆脱它；第二，人实际上并没有以那种方式去行动。人知道自然法，却又违背了自然法。我们对自己、对自己生活的世界所作的一切清晰的思考，都以这两个事实为基础。

几点异议

如果这两个事实是基础,那么,在进一步讨论之前我最好稍作停顿,巩固一下这个基础。听众的来信表明,很多人对这种人性法、道德律或正当的行为规则究竟是什么感到难以理解。

例如,有些人在来信中说:"你所谓的道德律不就是人的类本能吗?它岂不是和其他的本能同样发展起来的吗?"我不否认人可能有一种类本能,但是这不是我所说的道德律。我们都清楚人为本能,如母爱、性本能、饮食的本能驱使时的感觉。本能意味着你感到一种强烈的需要或欲望,想要以某种方式去行动。当然,我们有时候确实感到有帮助别人的欲望,这种欲望无疑来自类本能。但是,渴望帮助与你不管是否愿意都应该帮助,是两种完全不同的感觉。假如你听到一个身处险境的人呼救,你可能同时产生两种欲望,一种想要帮助(出于类本能),另一种想要避开危险(出于自我保护的本能)。但是你会发现,在你心里除这两种冲动外,还有另外一样东西,它告诉你应该服从帮助的冲动,抑制跑开的冲动。这个在两种本能间作判断、决定鼓励哪种本能的东西,自身不属其中任何一者。你若认为它是本能,你也可以说,告诉你在某一刻该弹哪个琴键的乐谱本身也是琴键之一。道德律告诉我们该弹的旋律,我们的本能只是琴键。

我们还可以从另外一个角度看出道德律绝不是一种本能。倘若两种本能发生冲突,而造物的心里除这两种本能外别无他物,显然,强烈的本能会占上风。但是在道德律意识清醒的时候,道德律似乎常常告诉我们要站在弱小的本能一边。对安全的渴望可能远远超出了想要帮助落水之人的欲望,可是道德律告诉你,尽管如此,你仍然应该去帮助他。道德律不是常常告诉我们,要努力增强正确的冲动,使其超出自然状态吗?我的意思是,我们常常觉得自己有责任唤起自己的想象力、激发自己的同情心,以刺激这种类本能,好有足够的力量来做正确的事情。很显然,当我们着手增强一种本能时,这种行动**不出自**本能。告诉你"人的类本能沉睡了,唤醒它"的那个东西自己不可能是类本能,告诉你哪个琴键该重弹的那个东西自己不可能是琴键。

我们还可以从另外一个角度来看这个问题。倘若道德律是一种本能,我们就能够指出我们体内哪一种冲动总是"好的",总符合正确行为的规则。可是我们不能。没有哪一种冲动道德律有时候不告诉我们要抵制,没有哪一种冲动道德律有时候不告诉我们要鼓励。视有些冲动,如母爱、爱国主义为好;另一些冲动如性,争战为坏,是错误的。我们的意思只是说我们需要限制争战的本能或性欲望的时候比限制母爱或爱国主义的时候更多一些。但是有些时候,结婚的男人有义务激发自己的性冲动,士兵有义务激发自己争战的本能;也有些时候母亲对自己孩子的爱、一个人对自己国家的爱必须予以抑制,否则就会导致对别人的孩子、别国的不公平。严格地说,冲动没有好坏之分。我们再以钢琴为例,钢琴的音符没有对、错之分,每一个音符此时演奏它是对的,彼时演奏它就是错的。道德律不是一种本能,也不是一组本能,它通过指导本能创造一种旋律(这种旋律我们称之为善或正确的行为)。

　　顺便说一句,这一点具有重大的实际意义。一个人所能做的最危险的事就是从自己的本性中任意选择一种冲动,将它作为自己应该不惜一切代价去服从的东西。若以冲动为自己绝对的向导,没有一种冲动不会将我们变成魔鬼。你可能认为普遍地爱人万无一失,其实不然,如果不考虑正义,你会发现自己"出于人道"而毁约,在法庭上作伪证,最终变成一个凶狠狡诈之人。

还有一些人来信说："你所谓的道德律不就是教育灌输给我们的社会规范吗?"我认为此处有一种误解。提这个问题的人常常想当然地认为,一样东西只要学自父母和老师,就一定是人的发明。事实当然不是如此。我们在学校里学过乘法口诀表,独自在荒岛上长大的孩子不知道乘法口诀表。我们不能由此得出结论说,乘法口诀表只是人的一种发明,是人类为自己杜撰的,如果愿意,人还可以创造一个不同的口诀表,对不对? 像其他的学习一样,我们也是从父母、老师、朋友、书本那里学习正当的行为规则,这一点我完全赞同。我们学习的东西有些只是规范,规范是可以改变的,如,我们学习靠左行走,我们同样可以规定靠右行走。但是还有些东西,如数学,是客观的真理。问题是:人性法究竟属于哪一类?

有两点理由可以证明它和数学同属一类。首先,正如我在上一节所说的,虽然不同时代、不同国家之间的道德观念有差异,这些差异其实远非像大多数人想象的那样巨大,你可以看到这些观点中贯穿着同样的法则。但是像交通规则、服装类型这种纯粹的规范,任何程度的差异都可能存在。其次,你在思考不同民族间的道德差异时,是否认为一个民族的道德要高于或低于另外一个民族? 是否有些变化可以称作进步?你若不认为一个高于或低于另一个,当然也就永远不存在道德的进步。进步不仅意味着变化,进步还意味着变得更好。倘若没有哪一套道德比其他的道德更正确或更好,那么,选择文明道德,抛弃野蛮道德,选择基督教道德,抛弃纳粹道德,是毫无意义的。事实上,我们当然都相信有些道德高于另外一些道德,我们的确相信,一些努力改变自己那个时代道德观念的人可以被称为改革家或先锋,他们对道德的理解比他们的"邻人"更深刻。所以,只要你说一套道德观念可能比另一套更好,你实际上在拿一个标准衡量它们,在说其中一个比另一个更符合那个标准。但是,用来衡量二者的那个标准自身不同于其中任何一者。你实际上是将二者与某个"真道德"①进行比较,承认存在着一个客观的"是"②,它不随人们的想法而改变,有些人的观念比另外一些人更接近这个客观的"是"。换种方式来说,如果你的道德观念更正确,纳粹的观念不那么正确,那么,必定有某个东西——某个"真道德"在那里,你们的看法正确与否是相对它而言。你对纽约的看法可能比我的正确,也可能不及我的正确,那是因为纽约是一个真实的地方,独立于我们对它的看法而存在。倘若我们说的"纽约"指的只是"我自己的头脑中想象的一个城镇",孰是孰非怎能断

---

① 引号为译者所加,在原文中是大写字母。
② 引号用法同上。

定？这样一来，就根本不存在正确或错误的问题。同样，如果正当的行为规则指的只是"每个国家碰巧认可的任何东西"，那么，说一个国家的认可比其他国家正确就没有意义，说世界的道德可以不断地提高或不断地下降也没有意义。

因此，我得出这样一个结论：虽然人们对何谓正当的行为看法有异，这些差异常常让你怀疑根本不存在客观的、自然的行为律，但是，对这些差异注定要作的思考实际上却让我们得出了恰恰相反的结论。在结束本节之前我还有一点想要说明。我遇到过一些人，他们夸大这些差异是因为没有区别道德的差异与对事实的认定方面的不同。例如，有个人对我说："三百年前英国人对巫师处以极刑，这是你所谓的人性法或正当的行为规则吗？"毫无疑问，我们今天不对巫师处以极刑是因为我们不相信巫师存在。如果我们相信，如果我们真的认为周围有人把自己的灵魂出卖给了魔鬼，从他那里换取超自然的能力，用它来伤害邻人的性命、将邻人逼疯、带来恶劣的天气，我们大家肯定会一致同意，若有人配处以极刑，那一定是这些卑鄙地出卖灵魂的人了，对不对？这里不存在道德原则的差异，只存在事实的差异。不相信巫师可能是知识上的一大进步，当你认为巫师不存在的时候，不对他们处以极刑不是道德上的进步。如果一个人相信自己的房子里没有老鼠，所以不再安置捕鼠夹，你不会因此称这个人很仁慈。

这个律真实存在

　　我现在回到"人性法"那一节结尾所讲的内容上去,即人类有两点奇怪之处。第一,人认为自己应当采取一种行为,这种行为可以称作公道、正当、道德、自然法,这种正当行为的念头常常萦绕在人的脑际。第二,人实际上没有这样采取这种行为。我认为这两点很奇怪,有人可能对此感到不解,在你们看来这也许是世界上最自然的一件事,你甚至觉得我对人类的要求太苛刻。你可能会说,我所谓的违背是非律或自然法说到底不过是指人非完人,我有什么理由期望人是完人呢?如果我现在是要决定,人没有达到自己对别人的要求,当受多大的责备,你所说的就很对。但是那不是我目前的工作,我现在关心的不是责备,而是要发现其中的真相。从这个角度来看,某个事物不完美、不是它应该是的样子,就会是自然的结论。

如果你考虑的是一块石头或一棵树,它就是它本身的样子,要求它是别的样子似乎没有道理。当然,如果你想用这块石头来堆假山,你可以说它的"形状不对",一棵树没有像你希望的那样给你遮阳,你可以说这棵树不好。但是,你所说的无非是这块石头或者这棵树碰巧不适合你的用途,你不会为此责备它,除非开开玩笑而已。你知道得很清楚,鉴于这样的气候、这样的土壤,这棵树不可能长成别的样子,我们从人的角度称作"不好的"树与一棵"好"树一样,都遵从着自己的自然规律。

你注意到随之而来的结论了吗?这就是,我们通常称为自然规律的东西,如气候对树的影响,实际上可能并不是严格意义上的规律,只是一种说法而已。说下落的石头总是服从万有引力定律,与说这个定律指的实际上就是"石头永远都会做的事"不是差不多吗?你不会真的认为,在你松手的那一刻,石头忽然记起自己是遵从命令落下的,你的意思实际上只是说它的确落下了。换句话说,你不能确信是否有什么东西高于这些事实本身,除实际发生的事外,是否还有什么律规定什么样的事应该发生。作用于石头或树上的自然规律指的可能只是"自然实际上所做的事",但是论到人性法或正当的行为律，情况就不同了。这个律指的绝对不是"人实际所做的事"，因为正如我前面所说的，很多人根本没有服从这个律，没有一个人完全服从了这个律。万有引力定律告诉你，一旦扔下一块石头，石头就会做什么，但是人性律告诉你的是，人应该做却没有做的事。换句话说，谈到人的时候，有一个超出实际事实之外、在其之上的东西介入进来，除这些事实（即人实际的行为）之外，你还有其他的东西（即人应该采取的行为）。对宇宙中其他事物而言，有事实就已足够，无需其他的东西。电子和分子以特定的形式运动，产生特定的结果，一切可能就是如此[①]。但是，人以特定的方式行动却不尽如此，因为自始至终你都知道他们的行为应该是另一副模样。

这一点真的很奇怪，我们都不由自主地极力想把这件事解释过去。例如，当你说一个人不应该做他实际上已做的事情时，我们可能会极力证明说，你的意思和你说一块石头形状不对实际上是同样的，也就是说，他做的事碰巧给你带来了不便。但是，这种想法绝对错了。一个先上火车坐到拐角座位上的人，与趁我转背移包时溜到我座位上的人同样都给我带来了不便，可是我责备第二个人，不责备第一个人。一个人不

[①] 我认为不尽如此，在后面你会看到。我的意思是，就目前的阶段的讨论而言，可能如此。——作者注

小心将我绊倒，我不会对他生气（也许在我失去理智的那一刹那，我会），一个人一心想把我绊倒，即使他的愿望没有得逞，我也会生他的气，可是让我摔疼的人是第一个，而不是第二个。我称作不好的行为有时候非但没有给我带来不便，还恰恰相反。打仗时双方可能都觉得对方的叛徒对自己有益，但是尽管利用他、奖赏他，他们仍视之为人类的败类。所以你不能说，对别人而言，我们称为正当的行为就是恰巧对我们有利的行为。至于我们自己的正当行为，我认为它指的显然不是能带来好处的行为：本可以赚 300 英镑，赚了 30 先令也很高兴；作弊很容易，却老老实实做自己的功课；想和一个女孩做爱，却不去骚扰她；想去更安全的地方，却留在危险之地；不想信守诺言，却坚持信守；宁愿像傻瓜，却坚持讲真话。对我们自己而言，正当的行为指的就是这类的行为。

　　有人说，正当的行为指的虽然不是在具体的时刻给每个具体的人带来好处的行为，它指的仍然是给整个人类带来好处的行为，因此，对它我们没有什么可奇怪的。人毕竟有理智，明白除非一个社会人人都讲公道，否则便不可能有任何真正的安全或幸福。正因为明白了这点，人才努力端正己身。当然，认为安全和幸福只能来自个人、阶级、国家之间对彼此的诚实、公正、友善是完全正确的，这是世界上最重要的真理之一。但是，如果用它来解释我们为何对是与非持现在这种看法就不正确了。我们问:"我为什么不应该自私自利?"你回答说:"因为这对这社会有益。"我们紧接着可能就会问:"这件事若不碰巧对我个人有利,我为什么要在意它对社会是否有益?"这时你就只好说:"因为你不应该自私自利。"这样的回答只会让我又回到了出发点。你说的是真话,但是对解决这个问题无益。如果一个人问踢足球有何意义,你回答说:"为了得分。"这没多大用处,因为足球比赛本身就是要得分,得分不是比赛的原因。你的回答无异于说足球是足球,话虽没错,但是不值得一说。同样,如果一个人问行为正当有何意义,你回答说"为了对社会有益",也没有用处,因为想对社会有益,换句话说,不自私自利(因为"社会"归根结蒂指的就是"别人")是正当行为的体现之一。你所说的实际上只是"正当的行为就是正当的行为",这与你说"人不应该自私自利"之后便就打住是一样的。

我也就此打住。人不应该自私自利,应该公正,这不是因为人非自私自利,也不是因为人喜欢不自私自利,而是因为人应该不自私自利。道德律、人性法不仅仅是人类的实际行为,不同于万有引力定律,万有引力定律仅仅是,或者说是重的物体的实际表现。另一方面,道德律也不只是一种幻想,因为我们无法摆脱它。若能摆脱,我们关于人的大多数事情所说、所想的都变成了无稽之谈。道德律也不仅仅是一种陈述,告诉人们，为了于己方便我们希望别人如何行动，因为我们称为不好或不公正的行为与我们发现于己不便的行为不完全一致，甚至相反。因此，这条是非标准或人性法（你称它为别的什么也可以）必定是一个真实的东西，确实存在在那里，不是我们杜撰出来的。然而，它又不是普通意义上的事实，与我们说"我们实际的行为是一个事实"意义不一样。由此看来，我们好像必须承认不止存在一种现实，必须承认在人这种特定的情况下存在某个东西，它高于并超出人类普通的行为，但又是绝对真实的。这是一个真实的律，不为我们任何人所创造，却左右着我们的行为。

这个律背后的东西

我们来总结一下已经得出的结论。对石头、树这类东西而言，我们所谓的自然规律可能只是一种说法而已。当你说自然受制于某些规律时，你的意思可能只是说自然实际上以某种方式行动，所谓的规律可能不是什么真实的东西——某个高于并超出我们观察到的实际事实的东西。但是我们看到，对人而言情况并非如此，人性法或是非律一定高于并超出人的实际行为。因此，人除了实际事实外，还有别的东西——一个真实的律，这个律不由我们发明，我们知道自己必须服从它。

我现在要考虑的是，这对于我们生活在其中的宇宙向我们揭示了什么。自从人类有了思维能力，人就一直在揣摩这个宇宙究竟是什么,它是怎样形成的。对此大致有两种观点。第一种是所谓的唯物主义的观点。持这种观点的人认为物质和空间只是偶然地存在,一直就存在,没有人知道其中的原因;物质以某些固定的方式运动,偶然就碰巧产生出像我们这样能思考的生物。由于一个千分之一的机遇,某个东西撞击了我们的太阳,产生出行星;再由于一个千分之一的机遇,其中一颗行星上出现了生命所需要的化学物质和适宜的温度,于是地球上的一些物质便有了生命;然后又由于一长串的机遇,这些有生命的生物演变成类似于我们人类这样的东西。另外一种观点是宗教的观点。[①] 根据这种观点,宇宙背后的那个东西不同于我们所知道的任何其他事物,它更像一个思想,也就是说,它有意识、有目的、有好恶。这种观点认为,这个东西创造了宇宙,其目的有一部分不为我们所知,但无论如何它有一部分目的是要创造与自己相像的造物,我的意思是在具备思想这方面与它相像。请不要认为这两种观点一种历史悠久,另一种逐渐才站稳脚跟,凡有会思考的人的地方就存在这两种观点。另外还要注意,你不可能通过普通意义上的科学来弄清楚哪种观点正确。科学依靠实验,观察的是事物的行为方式。科学所作的每一个陈述,不管看上去多么复杂,

----

① 参看本章结尾的附注。——作者注

最终都可以归结为类似这样的话："我1月15日凌晨2：20将望远镜转向天空的某某位置，看到了某某现象"，"我放了一点这个东西到锅里，加热到某某温度，它就发生了某某变化。"请不要认为我在反对科学，我只是在说明科学工作的性质。一个人越讲究科学，（我相信）就越会同意我的观点，承认这就是科学的工作，并且是一份非常有用、必不可少的工作。但是，一个东西究竟为什么会形成，在科学观察的事物背后是否还存在别的东西——某个不同性质的东西，这不是科学回答的问题。如果存在什么"背后的东西"，这个东西要么永远彻底不为人所知，要么以其他的方式揭示自己。说存在一个这样的东西，或者说不存在一个这样的东西，都不是科学所能作出的陈述。真正的科学家通常不作这种陈述，作这种陈述的往往是那些从教科书里拾掇一星半点肤浅的科学知识的记者和通俗小说家。这毕竟是个常识问题。假如有一天科学完善了，认识了整个宇宙中的每一样事物，"宇宙为什么存在"、"宇宙为什么像现在这样"、"宇宙的存在有何意义"这些问题岂不是依然存在？

若没有我下面要谈的这点，这些问题将无法得到解答。在整个宇宙中有一样东西，只有一样东西，我们对它的认识超出了我们从外在的观察获得的知识。这就是人。我们不仅观察人，我们自己就是人，可以说，对于人我们掌握了内部资料，熟知内情。正因为此,我们才知道人发现自己受道德律的约束,这个道德律不由人创造,人想把它忘记也不能够完全做到,人知道自己应该服从这个律。请注意以下这点。任何人像我们研究电或者卷心菜那样从外部研究人,不懂我们的语言,因而不能够对我们有内在的认识,只观察我们所做的事,都永远得不到一丁点证据,证明我们拥有这个道德律。他怎么能够得到呢?他从观察中看到的只是我们实际做的事,而道德律要求的是我们应该做的事。同样,对于石头或天气而言,如果在观察到的事实之上或背后存在什么东西,我们仅凭外部的研究也永远不能期望发现这个东西。

宇宙也是如此。我们想知道宇宙是否没有任何原因只是碰巧是现在这样,还是在它背后有一种力量使之成为现在这样。既然那个力量(如果它真的存在)不是可以观察到的事实,而是创造这个事实的现实,仅凭对事实的观察我们不可能发现它。只有在一种情况下我们才能知道宇宙之外是否存在别的东西,那就是我们自身的情况。从我们自身的情况出发,我们发现确实还存在别的东西。我们也可以反过来说。如果宇宙之外存在一个控制的力量,这个力量不可能以宇宙中的事实的形式向我们显现,就像房子的建筑师不可能是房子的一面墙、一段楼梯、一个火炉一样。我们唯一可以预料他显现自己的方式是在我们自身之内,以一种促使我们以某种方式来行动的影响力或命令的形式显现。而这正是我们在自身之内发现的东西。这不能不引起我们怀疑,是不是? 在唯一一个你希望能够找到答案的地方,你找到了一个肯定的答案,在其他找不到答案的地方,你明白了为什么找不到答案。假如有人问我,看到一个穿蓝色工服的人沿街挨家挨户在门口放小纸口袋,我为什么就认为这些口袋里装着信? 我会回答说:"因为他每次给我放类似的小口袋时,我发现里面都装着信。"他若反驳说:"你认为别人收到的那些信,你可是从来没有见过呀。"我会说:"当然没有,我也不指望见过,因为那些信不是写给我的。我只是用我有权拆开的口袋来解释我无权拆开的口袋。"我们现在所谈的问题也是这样。我现在唯一有权拆开的口袋就是人。当我拆开的时候,尤其是当我拆开这个称作"我自己"的特定的人的时候,我发现我不是独立地存在着,我受到一个律的约束,某个人或某个东西要求我以某种方式去行动。当然,我不会认为,倘若我能进入一块石头或一棵树里面,我会有完全相同的发现,就像我不会认为街上的人和我收到的信有着相同的内容一样。例如,我有可能发现石头必须服从万有引力定律(这位发信人只是嘱咐我服从我的人性律,但是却迫使石头服从它的自然规律)。但是,在两种情况下我都有可能发现,比如说,一位发信人,一个事实背后的力量,一个指导者,一个向导。

不要把我的进展想象得过快，我离谈基督教神学中的上帝还非常遥远，我现在得出的结论只是：存在着某个东西，这个东西指引着宇宙，以一种律的形式在我心中显现，教促我行善，在我做恶的时候让我自责不安。我认为，我们只能把它看作更像一个思想，而不太像我们知道的任何其他的东西，因为我们所知道的唯一一个其他的东西说到底就是物质，你很难想象物质能够指导人。当然，这东西不必很像思想，更不必像人，在下一节里我们要看看对这个东西我们是否还有其他的发现。在此我要提醒大家一句，在过去的几百年间人们对上帝有过很多的溢美之辞，我要带给大家的不是这些，你尽可以不必考虑这些。

附注：广播讲话时为了让这部分篇幅简短，我只提到了唯物主义的观点和宗教的观点。但是为全面起见，我应该提一下中间观点，这种观点我们称为生命力哲学或创化论、突变论。萧伯纳在其著作中对这种观点进行了最巧妙的解释，但是解释得最深刻的是柏格森的著作。持这种观点的人说，地球这颗行星上的生命经过细微的变化从最低级的形式"进化"到人，这些细微的变化不是出于偶然，而是出于一种生命力的

"努力"或者说"有目的性"。当人们这样说的时候，我们一定要问，他们所谓的生命力指的是有思想还是没思想的东西。如果他们说有思想，那么"一个将生命带入存在，又引导它趋向完美的思想"实际上就是神，因此，他们的观点和宗教的观点是同一的。如果他们说没有思想，那么，说一个没有思想的东西"努力"或有"目的"有何意义？我认为这是他们的观点的致命之处。很多人发现创化论很有吸引力，其中一个原因就是它给人很多由信仰上帝而来的情感安慰，但又不会给人带来任何不愉快的结果。在你身体健康、在阳光照耀、你不愿意相信整个宇宙只是原子的机械跳跃的时候，能够想象这种巨大的神秘力量历经数个世纪不停地涌动向前，将你推上它的峰巅是一件愉快的事。另一方面，如果你想干什么很卑鄙的事，这种盲目的力量、没有任何道德观和思想的生命力永远不会像我们小时候知道的那个爱找麻烦的上帝那样干涉你。这种生命力是一种顺服的上帝，想要的时候你可以开启它，但是它不会打扰你，你可以享有宗教给予人的一切兴奋而不必付任何代价。这种生命力岂不是有史以来最佳的异想天开的杰作？

我们有理由感到不安

在上一节结束的时候，我谈到在道德律中物质世界之外的某个人或某个存在触及到我们。我想，听到我这样说有人就已经感到厌烦，甚至认为我对你们耍了个花招，我一直小心翼翼包装成哲学的东西原来不过又是一种"宗教说教"。你也许觉得，我若谈什么新东西，你还打算听一听，但是我谈的若只是宗教，这个早已有人谈过，你不能让时钟倒转。若有人持这种观点，我想对他说三件事。

第一，让时钟倒转的问题。如果我说你可以把时钟倒转回来，钟若走得不对，让它倒转是一件明智之举，你认为我是在开玩笑吗？我现在不谈时钟。大家都希望进步，进步的意思是距离目的地更近。你若转错了弯，前行并不能接近目的地。走错了路，向后转回到正道才是进步，谁最早向后转，谁就是最进步的人。做算术时也是如此。如果一开始就算错了，越早承认这一点，返回来重新计算，算得就越快。顽固不化、拒绝承认错误无进步可言。我想，观察一下今日的世界，大家就很清楚人类一直在犯一个重大的错误。我们走错了路，走错了路就得返回，返回是最快的前行方式。

第二，我所说的还不是"宗教说教"，我们还没有谈到任何实际宗教中的上帝，更没有谈到基督教这门具体宗教中的上帝，我们只谈到道德律背后的某个人或某个存在。我们没有从圣经或教会中搬来什么内容，我们在看凭自己的努力对这个"某个人"能发现点什么。我想明确指出一点，那就是，我们凭自己的努力发现的东西令我们大吃一惊。对这个"某个人"，我们掌握了两点证据。一是他创造的宇宙。仅以此为线索，我想我们只能得出这样的结论：他是一位伟大的艺术家（因为宇宙是如此地美丽），他很无情，对人类不友好（因为宇宙是如此地危险、恐怖）。第二点证据是他安放在我们心中的道德律。这个证据比第一点更确凿，因为它是内部资料，听一个人谈话比看他建造的房屋让你对他有更多的了解。同样，对上帝，我们从道德律中比从泛泛的宇宙中了解的更多。从第二点证据中我们得出结论：宇宙背后的那个存在非常注重正当的行为——公道、无私、勇敢、诚实、无欺、正直。在这种意义上,我们应该同意基督教和其他一些宗教的说法,即上帝是"善的"。我们不要走得太远。道德律没有给我们任何理由,让我们认为上帝的善指的就是"迁就、心软、有同情心"。道德律中没有任何迁就的成份,它铁面无私,要求你做正确的事,似乎不在意这会给你带来多大的痛苦、危险和困难。上帝若像道德律,他就不会心软。在目前这个阶段,说你所谓的"善的"上帝是一个宽恕的上帝没有用处。你的意识超前了,只有人才能宽恕,我们还没有谈到人格的上帝。我们只谈到位于道德律背后的一种力量,它不大像其他的东西,更像一个思想,但它可能与人相差甚远。它若是非人格的纯粹的思想,请求它体谅你、放过你可能没用,就像计算错了,请求乘法口诀表放过你毫无用处一样,你的答案一定会错。你说如果存在这样一种上帝——一个非人格的、绝对的善,你就不喜欢他,决定不理他,也没有用处。因为问题在于,你有一部分站在他一边,真心赞同他反对人的贪婪、欺诈和剥削。你可能希望他给你开个特例,这次放过你,但你心里明白,除非宇宙背后的这种力量真正地、坚定不移地憎恶那种行为,否则,他就不可能是善的。另一方面,我们知道,如果确实存在一个绝对的善,我们大部分的所作所为必定令它憎恶。这就是我们所处的可怕困境。宇宙若不由一个绝对的善来掌管,我们一切的努力最终都付诸东流。但是宇宙若由它来掌管,我们自己又每日与它为敌,明日也不可能有所改善,因而同样处于绝望的境地。没有它不行,有它也不行。上帝是唯一的安慰,也是最大的恐惧,我们最需要的东西也是我们最希望躲避的东西,他是我们唯一可能的盟友,我们又与他为敌。有些人谈论与绝对的善相遇,仿佛这是一件有趣的事,他们需要三思,他们还是在与宗教玩游戏。善要么给你带来极大的安全,要么给你带来极大的危险,究竟是安全还是危险,视你对它的回应而定。而我们对它的回应都是错误的。

第三,我选择以这种迂回的方式进入真正的话题,并不是要对你耍什么花招,而是另有理由。这理由是,你若不面对我一直向你描述的那种事实,基督教对你毫无意义。基督教叫人悔改,答应宽恕他们,因此,对那些认为自己没什么需要悔改、不需要宽恕的人,它(据我所知)无话可说。只有在你意识到存在着一个真正的道德律、在它背后存在着一种力量,意识到你违背了那个律、与那种力量敌对之后,只有这时候(早一刻也不行),基督教才开始说话。你知道自己病了才会听从医生的吩咐,意识到我们的处境近乎绝望才会开始明白基督徒所讲的道理。他们向你解释,我们是如何陷入现在这种对善既爱又恨的状态,上帝怎么可能既是道德律背后的那个非人格的思想又是一个人。他们告诉你,你我都无法满足这个律的要求,告诉你上帝自己如何降身为人,替我们满足了这些要求,救我们脱离了上帝的忿怒。这是一个古老的故事,你若想追究它,无疑应该去请教那些比我更有权威的讲述者。我只是叫人们面对这些事实,明白基督教声称自己可以解答的那些问题。这些事实很可怕,我真希望自己能谈点更愉快的事,但是我必须说出我认为是真的东西。当然,基督教最终能给人带来一种无法描述的安慰,这点我完全同意。但是,它并非始于安慰,而是始于我一直在描述的那种沮丧,未经那种沮丧就直接享受那种安慰毫无用处。正如在战争和其他事情中一样,在宗教中你不可能靠寻找得到安慰。寻找真理,你或可以找到安慰,寻找安慰,你既得不到安慰也得不到真理,开始时你得到的是甜言蜜语和不切实际的幻想,最终得到的是绝望。许多人已经摆脱了战前对国际政治所抱的不切实际的幻想,如今我们也该摆脱对宗教的幻想了。

第二章

基督徒的信念

两种对立的上帝观

电台让我谈谈基督徒都相信什么,我首先要谈谈基督徒不必相信什么。作为基督徒,你不必认为其他宗教全盘错误,你完全可以认为,所有的宗教都至少含有些许的真理。在做无神论者时,我必须竭力说服自己:全世界一切宗教的核心观念都是巨大的谬误,大部分人在那个对他们最至关重要的问题上始终认识错误。成为基督徒之后,我采取了一种比较开放的态度。当然,做基督徒确实意味着,在基督徒与其他宗教不同的地方,你会认为基督教是对的,它们是错的,就像做算术,只有一个正确答案,其他答案都是错误的,但是,有些错误答案更接近正确答案。

若对人类进行划分,我们首先可以将它分为两大类:信神的人和不信神的人。从人口统计上看,信神的人占大多数,他们相信某一种神或多个神,不信神的人占少数。在这点上,基督教与古希腊人、古罗马人、现代的野蛮人、斯多葛派、柏拉图主义者、印度教徒等同属一列。

根据所信的上帝,我们可以对人类进行进一步的划分,对上帝人们持两种截然不同的观点。一种观点认为上帝超越善恶。我们称一件东西好、另一件东西坏,有些人认为这纯粹是我们人类的观点,人越有智慧就越不愿意就好坏发表意见,越清楚地看到每一件东西都是一方面是好的,另一方面是坏的,一切皆如是,没有例外。因此,这些人认为,在你远未用类似上帝的眼光看问题之前,好坏的差别就彻底消失了。我们说癌症不好,因为它会让人死去,他们说,你也可以称一位技艺高超的外科医生不好,因为他让癌症死去。一切都取决于你看问题的角度。另外一种对立的观点则认为,上帝绝对地"善",或者说"公义",上帝有他自己的立场,他爱爱、恨恶,他要求我们以特定的方式去行动。第一种观点,即认为上帝超越善恶的观点被称作泛神论,普鲁士伟大的哲学家黑格尔、(据我所知)印度教徒持这种观点,犹太教徒、基督教徒则持另外一种观点。

伴随着泛神论与基督教的上帝观之间这一巨大差异,往往还有另一种差异。泛神论者通常认为,正如你使自己的身体有了生命一样,上帝(可以说)也使宇宙有了生命,宇宙几乎等同于上帝，宇宙若不存在，上帝也就不存在，你在宇宙中看到的每一样东西都是上帝的一部分。基督徒的观点则与此不同。他们认为，就像画家画画、作曲家作曲一样，上帝发明、创造了宇宙。画家不等同于他的画，画毁了，画家仍在。人有时候可能会说："他在画中投入了自己很大一部分生命。"但是这句话的意思只是说，这幅画的美及其魅力来自他的头脑，他的技巧在画中体现的方式与在他的头脑中，甚至手中存在的方式是不一样的。我想大家都已看出，泛神论者与基督徒在这点上的区别与上述区别联系在一起。不严格区分好与坏，你就很容易说你在这个世界上看到的每一样东西都是上帝的一部分。但是，你若认为有些东西的确是坏，上帝的确是善，你就不可能那样说。你一定会认为上帝独立于这个世界，我们在世界上看到的一些事情违背了上帝的意愿。面对癌症或贫民窟，泛神论者会说："你若从上帝的角度看，就会认识到这也是上帝的一部分。"基督徒会回答说："别说这种该死的鬼话。"基督教是一种战斗的宗教。它认为上帝创造了世界，就像人创作故事一样，上帝"从自己的头脑中创造出"空间、时间、冷、热、各种颜色和味道、所有的动植物。但是基督教也认为，在这个上帝创造的世界有很多东西偏离了正道，上帝向我们大声疾呼，坚决要求我们回到正道上来。

当然，这也引起了一个很大的问题。世界若由一个善的上帝创造,它怎么偏离了正道?有很多年,我拒绝听基督徒对这个问题的回答,因为我始终认为,"不管你怎么说,不管你提出的理由多么巧妙,说这个世界不由一位智慧的力量创造岂不更简单、更容易吗?你们一切的理由不都是为了否认那些显而易见的东西,结果越解释越复杂吗?"可是,这又将我推入了另外一种困境。

那时我不相信上帝的存在,理由是:这个宇宙看上去非常残酷、极不公正。可是,这个**公正**与**不公正**的概念来自何处?一个没有直线概念的人不会说一条线弯曲。我称这个宇宙不公正时,在拿它和什么作比较?如果整场演出从头到尾都很糟糕、毫无意义,我作为这个演出的一部分,为何对它有如此激烈的批评?人落入水中会觉得身湿,因为人非水中生活的动物,鱼就不会。当然我可以说,公正不公正只是我个人的看法,不必执著于此。但是这样一来,我不相信上帝的理由就坍塌了,因为这一理由正是以世界的确不公正、而非碰巧不合我意为基础。因此,就在极力证明上帝不存在,换句话说,证明整个现实毫无意义时,我发现自己必须承认,有一部分现实,即我的公正观念是完全有意义的。倘若整个世界没有任何意义,我们永远不会明白这点,就像宇宙中若没有光,因而也就没有长着眼睛的生物,我们就永远不知道宇宙黑暗一样,因为"黑"这个词没有任何意义。

进 攻

现在我要告诉你另外一种极其幼稚的观点,这种观点我称为"掺水的基督教"。它只说天上有一位善的上帝,世间万物皆好,根本不提罪、地狱、魔鬼、救赎这些既难理解又令人害怕的教义。这两种观点都极其幼稚。

企求简单的宗教徒然无益,毕竟,真实的事物都不简单,看上去也许简单,实际上并不。我坐的这张桌子看起来简单,但是若让一位科学家告诉你这张桌子实际上由什么制成,他会讲到原子,讲到光波如何从原子中反弹回来进入你的眼睛,光波对视觉神经产生什么作用,视觉神经又对大脑产生什么作用等等。你发现,我们所谓的"看见一张桌子"包含了很多的复杂和奥秘,对其追究几乎难以穷尽。孩子祷告看上去很简单,你若满足于他的祷告,很好,若不满足(现代世界往往不满足),想刨根问底,你得有心理准备,听到一些非同简单的事。我们要求知道一些超出简单之事,等发现超出之事不简单时又抱怨,这很愚蠢。

但是,采取这种愚蠢做法的人往往不是愚蠢之人,而是有意无意想要摧毁基督教的人。他们推出一种适合六岁儿童的基督教,以此作为攻击对象。当你极力向他们解释受过教育的成人真正信仰的基督教义时,他们就抱怨说这太复杂,把他们给弄糊涂了,如果真的有一位上帝,他们相信他会把"宗教"弄得简单,因为简单是一种美,等等。你必须提防这些人,因为他们随时都会改变自己的立场,只会浪费你的时间。还要注意他们认为上帝会"把宗教弄得简单"的观点,在他们看来,"宗教"仿佛是上帝的发明,不是他对我们的启示,让我们了解他的一些永不更改的本性。

根据我的经验,现实不仅复杂,往往还很奇怪。现实不是整齐划一、显而易见的,现实常常出乎人的意料之外。举例来说,当你知道地球和其他行星都绕着太阳转的时候,你就很自然地认为所有的行星生来就是相称的。比如说,彼此间的距离相等,或是有规律地加大;体积相等,或是随着距离太阳的远近体积增大或缩小等等。实际上,你发现它们的体积、距离(至少在我们看来)无规律或理由可寻,有些行星有一个卫星,有一颗行星有四个,还有一颗有两个,有些行星一个也没有,还有一颗行星有光环。

现实实际上往往令人无法测透,这是我相信基督教的原因之一。基督教是一种令人无法测透的宗教,它向我们展示的宇宙若一直在我们的预料之中,我会认为基督教是人编造出来的。事实是,它不是谁都可以编造的东西,它具备了真实事物的那种奇异的曲折复杂性。让我们抛弃所有那些幼稚的哲学,那些极其简单的答案。这个问题不简单,答案也不会简单。

这个问题是什么? 这个问题是:存在一个这样的宇宙,其间有很多显然是恶的、从表面上看毫无意义的东西,但是也有像我们这样知其是恶的、毫无意义的造物。面对这一切的事实,我们只有两种解释。一种是基督教的观点。基督教认为,这是一个善的世界,这个世界偏离了正道,但是还记得自己应有的样子。另一种观点是二元论。二元论认为,在一切事物的背后都有两种相互独立、势均力敌的力量,一种是善的,另一种是恶的,这两种力量彼此间永无休止地争战,宇宙就是它们的战场。我个人认为,除基督教之外,二元论是现今存在的最大胆、最合理的一种信念,但是其中也隐藏着危机。

这两种善恶的力量,或者说精神应该是绝对独立的。他们都是从永恒之中就存在,谁也没有创造谁,谁也不比谁更有权利称自己为上帝，谁都认为自己是善的，另一位是恶的，一位喜欢仇恨和残暴，另一位喜欢爱和仁慈，每一位都坚持自己的观点。既然如此，当我们称其中一种力量为善，另一种为恶时，我们指的究竟是什么意思？我们可能只是说自己更喜欢其中一者，就像说啤酒与苹果汁相比，我们更喜欢啤酒一样。我们也可能是说，不管这两种力量如何看待自己，也不管我们人现在碰巧喜欢哪一个，其中一个视自己为善确实是错误的。如果我们的意思只是说我们碰巧喜欢前者，那就不要再谈善与恶，因为善指的是你应该喜欢的东西，不管在某个具体的时刻你碰巧喜欢什么。如果"行善"指的只是你站到自己碰巧喜欢的那一边，没有任何真正的理由，善就不配称作善。所以，当我们称一种力量为善，另一种为恶时，我们的意思一定是说其中一种确实是错的，另一种确实是对的。

但是一旦这样说，你就在这两种力量之外往宇宙中又增添了一样东西，即某种有关善的律、标准或规则，其中一种力量遵守这个律、标准或规则，另一种则没有。既然我们要以此标准来衡量这两种力量，那么，这个标准，或者说制定这一标准的那个存在就位于远远的背后，在二者之上，他就是真正的上帝。当我们称这两种力量为善和恶的时候，我们的意思实际是，其中一种力量与真正的终极的上帝处于正确的关系之中，而另一种则与上帝处于错误的关系之中。

我们可以从另外一种角度来阐述这个问题。如果二元论是正确的,那么,恶的力量一定是一个为了恶而喜欢恶的存在。但是,在现实中我们没有看到一个人因为恶本身而喜欢恶。我们能够看到的最接近恶的事是残暴,但是,在现实生活中人之所以残暴有两个原因。他们或者是虐待狂,如性变态,这种变态让他们从施暴中获得感官的快乐;或者是想通过残暴获得某种东西——金钱、权力、安全等。但是,快乐、金钱、权力、安全本身都是好东西,恶之所以产生是因为他们利用不正当的手段,采用错误的方式,或贪得无厌。当然,我不是说残暴之人并非穷凶极恶,我只是说,仔细考察,你会发现恶实际上是用错误的方式追求善。你可能纯粹为了善而行善,但不可能纯粹为了恶而行恶。你行善时心中可能并无善意,行善没有给你带来快乐,你行善只是因为这样做是对的,但是,没有人因为残暴是错的而对别人施行残暴,他这样做是因为自己可以从中获得快乐或益处。换句话说,恶之为恶也不能像善之为善那样成功。可以说,善是其本身,恶只是变坏的善,先有善的东西存在,然后才可以变坏。我们称性虐待是一种性变态,你首先得有正常的性关系的观念,然后才可以称这种关系变态。你知道哪种关系是性变态,因为参照正常,你可以看出变态,但是参照变态,你看不出正常。因此,这种恶的力量(它应该与善的力量处于同等地位,爱恶如同善的力量爱善)只是一种怪物。要想行恶,他必须先渴望善的东西,然后才以一种错误的方式去追求,他必须先有好的冲动,然后才能变好为坏。如果他是恶的,他既不会有善的东西去渴望,也不会有好的冲动去变坏,这两样都必须来自善的力量。果真如此,他就不是独立的存在,他属于善的力量的世界,要么由善的力量创造,要么由超出善、恶力量之上的某种力量创造。

我们可以用更简单的方式来阐述这点。要作恶,他首先必须存在、有智慧和意志。但是存在、智慧和意志本身都是善的,这些东西必须来自善的力量,即使作恶,他也必须从对手那里去借或者去偷善的东西。你现在明白了为什么基督教一直说魔鬼是堕落的天使吗?这只是讲给儿童听的故事,而是对这样一个事实的正确认识,即恶本不存在,恶只是一个寄生物。恶得以持续下去的力量是由善赋予的,坏人得以有效作恶的一切东西——决心、聪明、漂亮的外表、存在本身——都是好的。所以我们说,严格意义上的二元论是讲不通的。

但我毫不讳言,真正的基督教(有别于掺水的基督教)要比人们想象的更接近二元论。我第一次认真读新约时大吃一惊的一件事是,新约中有大量的篇幅谈到宇宙中的一种黑暗势力,一种强大的邪灵,操纵着死亡、疾病和罪。基督教与二元论的区别在于,它认为这种黑暗势力由上帝所创造,在被造之时是善的,后来才变成了恶。基督教与二元论一样,也认为这个宇宙处于战争状态。但是，它认为这不是一场两种独立的力量之间的战争，而是一场内战、一场反叛，我们生活在一个叛军占领的宇宙中。

这个世界就是一个敌占区。基督教讲述的就是那位正义的君王如何降临世间（你可以说乔装打扮着降临世间），号召大家投身一场大规模的暗中破坏运动。所以，你去教堂实际上是在暗中收听我们的朋友发来的秘密无线电报。敌人急于阻止我们去教堂，原因即在此，他利用我们的自负、懒惰、学问上的自命清高来阻止我们。我知道有人会问我："在如今这个时代，你还真的想重复长着蹄子、犄角之类的魔鬼那老一套吗？"我不知道时代与魔鬼有什么关系，也不太清楚他是否长着蹄子、犄角，但是在其他方面我真的要重复。我不敢说我知道魔鬼的模样，若有人想对他有更多的了解，我会对此人说："别着急，你若真想了解，会有机会的。等你了解了，喜不喜欢，又当别论。"

令人震惊的选择

　　基督徒相信一种邪恶的势力统治着今日的世界。当然，这又引发了几个问题：这种局面符不符合上帝的意愿？如果符合，你会说这真是一位奇怪的上帝；如果不符合，你会问：既然他拥有绝对力量，怎么还有违背他意愿的事情发生？

　　但凡掌握过权力的人都知道一件事如何一方面符合你的意愿，另一方面又不符合。母亲对孩子们说："我不会每天晚上都去督促你们收拾书房，你们自己要学会保持清洁。"这完全合情合理。可是有一天晚上她上楼，发现玩具熊、墨水、法文语法书全都堆在壁炉里。这不符合她的意愿，她希望孩子们保持清洁，但是另一方面，正是她的意愿给了孩子们以不保持房间清洁的自由。同样的事情在任何一个军团、工会、学校都存在。你让大家自愿去做一件事,结果有一半的人不去做,这并非你的意愿,但是你的意愿使这种事情成为可能。

宇宙的情况或许也如此。上帝创造了具有自由意志的造物,这意味着造物既可以为善也可以为恶。有些人认为自己能够想象一个造物既自由又没有作恶的可能性,我不能够。造物既可以自由地行善,也就可以自由地作恶。自由意志使恶成为可能。既然如此,上帝为什么要赋予他们自由意志?因为自由意志虽然使恶成为可能,也唯有它才可以产生值得拥有的爱、善和喜乐。一个机器人的世界,造物在其中像机器一样机械地行动的世界几乎不值得一造。上帝为他的高级造物们设计的幸福,是在极度的爱与喜悦中自由主动地与他及彼此联合,与这种极度的爱和喜悦相比,世上男女之间最销魂蚀魄的爱也不过平淡如水。人要得到这种幸福就必须自由。

当然,上帝知道人若滥用自己的自由会产生怎样的结果,显然他认为这个风险值得一冒。我们可能不大乐意赞同上帝的观点,但是不赞同上帝的观点很难。他是你一切推理能力的源泉,正如溪流不可能高过它的源头,你也不可能对,上帝不可能错。你与他辩论实际上就是与赐给你辩论能力的那种力量辩论,这就像你坐在一棵树枝上,现在要砍掉这棵树枝一样。倘若上帝认为,为了自由意志,即为了创造一个活生生的世界,而不是一个只有他扯动绳索才会动换的玩具世界,在这个世界中造物可以真正地为善为恶，真正有价值的事情可以发生，以宇宙这种战争的状态为代价是值得的，那么，我们也应该认为这是值得的。

明白了自由意志之后，我们就可以看出，问这样的问题（有人曾这样问过我）有多愚蠢："上帝为什么要用这样破烂的材料造物，让它可以走上邪道？"殊不知，造物所用的材料越好，也就是说，造物越聪明、越强健、越自由，它走正道时就比其他的造物更好，走邪道时就比其他的造物更坏。奶牛不可能太好，也不可能太坏；狗可以比它更好，也可以比它更坏；孩子比狗更进一步，普通的大人比孩子又要进一步，天才之人比普通人再进一步，超自然的灵是一切之中最好或者最坏的。

这种黑暗的势力如何偏离了正道？这个问题人类无疑不能给出一个确定的答案，但是，我们可以根据自己偏离正道的经验作出一种合理的（也是传统的）猜测。人一旦有了自我，就将自己放在首位，想成为中心，实际上想成为上帝。这就是撒但的罪，也是他教给人类的罪。有些人认为人的堕落与性有关，这是一种错误。《创世记》讲述的那个故事勿宁说是暗示我们：性本性的败坏随着人的堕落而来，是人堕落的结果，不是人堕落的原因。）撒但在我们始祖的头脑中灌输了这样一种观念，那就是，他们可以"像神一样"，依靠自己独立，仿佛自己创造了自己，可以做自己的主人，为自己发明一种在上帝之外、离开上帝的幸福。我们称为人类历史的一切——金钱、贫穷、野心、战争、卖淫、阶级、帝国、奴隶制——几乎都源于这种徒然的努力，人类历史是一个漫长、可怕的故事，讲述了人怎样企图在上帝之外寻找能给自己带来幸福之物。

这一努力之所以永远是徒劳，原因在于上帝创造了我们。像人发明引擎一样，上帝发明了我们。汽车以汽油为动力，靠别的无法正常运行。上帝将人这台机器设计成靠上帝自己来运行，将我们的精神设计成以他为燃料、为食粮，没有别的可以替代。所以，请求上帝让我们以自己的方式获得幸福，却不作任何宗教的委身，是绝对行不通的。上帝无法在自身之外给予我们幸福与平安，因为幸福不在他以外，不存在在他以外的幸福。

这是历史的关键。人类花费巨大的心血建立起文明，设计出美好的制度，但是每次总有东西出错。某种致命的错误总是将自私、残酷的人类推上巅峰，随后一切又滑回到痛苦和毁灭之中。实际上，人这台机器出了故障，发动时好像还不错，开不了几步就坏。人类企图让它靠错误的燃料来运行，这就是撒但对人类的所作所为。

上帝做了什么？首先，他给了我们良知，即是非感。在整个历史当中一直有人在尝试（有些人非常努力地尝试）服从良知，但是没有一个人完全成功。其次，他给了人类以美好的梦想(这是我对它的称呼),即指几乎遍布于一切异教中的那些奇异的故事,这些故事讲述了一个死而复活的神通过自己的死以某种方式赐给人类以新的生命。第三,他选择了一个特定的民族,花了几百年的时间向他们灌输有关自己的观念,那就是,他是独一的真神,看重正当的行为。那些人就是犹太人,旧约记载了这一观念的灌输过程。

随后真正令人震惊的事情发生了。在这些犹太人当中突然出现一个人,他四处传道,所用的口吻仿佛自己就是上帝。他宣称自己可以赦罪,说自己自亘古就存在,在末日要来审判世界。要知道,像印度人那样的泛神论者,人人都可以说自己是上帝的一部分,或与上帝合一,这并不十分奇怪。但是这个人是犹太人,他指的不是泛神论者的上帝。在犹太人的语言中,上帝指的是世界之外的那个存在,他创造了世界,与一切事物迥然有别。一旦明白了这点,你就知道,这人所说的绝对是有史以来人口所出的最令人震惊的话。

他的话有一部分我们听了不会在意,因为我们常常听到它,已经不觉得有什么实际意义。我指的是他说自己可以赦罪,赦免一切的罪。除非说话者是上帝,否则,这话就荒谬到了可笑的地步。我们都知道人怎样宽恕别人对自己的伤害:你踩了我的脚,我宽恕你,你偷了我的钱,我宽恕你。但是一个既没被踩也没被偷的人,却宣称自己宽恕你踩了别人的脚、偷了别人的钱,这如何理解?"蠢得像头驴,"这是对他的行为最客气的评价。然而这正是耶稣所说的。他只是告诉人们,他们的罪得到了赦免,事先却从来不问他们到底伤害了谁。他毫不迟疑地宽恕别人,仿佛自己是主要的当事人,一切伤害案件中首要的受害者。只有他真的是上帝,因而每一桩罪都触犯了他的律法、伤害了他的爱时,这些话才有意义。出自上帝之外的任何人之口,这些话在我看来都只会让人感到史无前例的愚蠢自负。

然而,就是他的敌人,在读福音书时通常也不认为他愚蠢自负(这是这件事的奇特、重要之处),不带偏见的读者更不这样认为。基督说他"柔和谦卑",我们相信他,但是我们没有注意到,倘若他只是一个凡人,从他的话中我们就最不可能得出他柔和谦卑的结论。

在此,我希望大家不要像有些人常做的那样,对基督作一些极为愚蠢的判断。他们说:"我乐意承认耶稣是一位伟大的道德导师,但是我不承认他是上帝。"这种话我们不应当说。耶稣所说的话倘若出自一个凡人之口,你就不可能称他为伟大的道德导师,他不是疯子(和称自己为荷包蛋的人是疯子一样),就是地狱里的魔鬼。你自己需要选择,这个人要么那时是、现在仍是上帝的儿子,要么是疯子,甚至连疯子还不如。你可以把他当作傻瓜关押起来,把他当作魔鬼,向他吐唾沫,处死他；你也可以俯伏在他的脚下，称他为主、为上帝。但是，千万不要说他是伟大的人类导师这类的废话（这样说，你还以为是对他的抬举）。他没有给我们这种选择，也无意于做一位伟大的道德导师。

完美的赎罪者

这样我们就面临着一个可怕的选择，我们谈论的这个人要么那时是（现在仍是）他自己所宣称的上帝，要么是疯子，甚至连疯子都不如。我认为他显然不是疯子，也不是魔鬼，所以，只能相信他那时是、现在仍是上帝，不管这显得多么奇怪、多么可怕、多么不可能。上帝以肉身降临到了这个敌人占领的世界。

这一切目的何在？他来做什么？教导人们，没错。但是你一旦阅读新约或其他基督教著作，就会发现它们一直在谈论另外一件事——他的死和复活。很显然，基督徒认为死和复活是他一生的核心，他来世间的主要目的就是受苦和受害。

我未做基督徒时认为，基督徒首先应该相信一种解释基督之死的意义的理论。这种理论认为，人背弃了上帝，加入到大叛贼①一边，上帝为此要惩罚人类，基督甘愿代人类受罚，上帝因此宽恕了我们。我承认，我过去认为这种理论极不合理、极其荒谬，现在我的态度稍有缓和，但这不是我想说的主要内容。我后来逐渐明白了，无论这一理论还是其他的理论都不是基督教。基督教的核心信念是：基督的死让我们与上帝和好，让我们能够从头开始。至于解释这一过程的理论，那是另外一回事。这方面的理论很多，但是有一点为所有的基督徒所公认，那就是基督的死让我们与上帝和好。我要告诉你我对这个问题的理解。正常的人都知道，人累了、饿了吃一顿饭有助于恢复体力，现代有关营养的理论（讲的都是维生素、蛋白质）则完全是另外一回事。早在听到有关维生素的理论之前，人就有饮食，饮食之后便感觉舒服，假如哪一天有关维生素的理论被摒弃，人还会照样吃喝下去。关于基督之死的理论不是基督教，只是解释人怎样藉此得以与上帝和好。基督徒对这些理论的重要性看法不一，我所在的教会——英国国教会认为，任何一种理论都不正确，罗马天主教会更是如此。但是我想，他们都一致认为，这件事本身比神学家提出的一切解释要重要无数倍，他们可能还会承认，永远没有一种解

---

① 指撒但。——译注

释足以说明这个事实本身。然而，正如前言中所说，我只是一位平信徒，这是一个难题，我只能告诉你我个人对这件事的看法，这些看法可能正确，也可能不正确。

我认为你应该接受的不是这些理论本身。在座的很多人肯定都读过金斯①或爱丁顿②的书。在解释原子或其他这类的东西时，他们会作一些描述，通过这个描述，你在头脑中产生一个图像。但是他们随后会提醒你，这个图像并不是科学家对原子的真正认识，科学家对原子的认识是一个数学方程式，那些图像只是帮助你理解这个方程式。图像的正确性与方程式是不一样的。图像没有告诉你真实的东西，只是告诉你一个大致类似真实的东西，它们只是帮助你理解，倘若于你无益，你可以不用这些图像。原子本身不能用图像，只能用数学来表示。基督之死的问题也是如此。我们相信基督之死是历史上的一个点，在那个点上，自然之外某个绝对无法想象的东西在我们这个世界显现。倘若对构成这个世界的原子我们尚且不能用图像来描绘，对基督之死就更不能了。实际上，如果我们发现自己能完全明白这点，这一事实本身就说明，它与自己所宣称的——不可想象者、自有永有者、自然之外之物闪

① 金斯(1877－1946)，英国物理学家。——译注
② 爱丁顿(1882－1994)，英国天文学家、物理学家和数学家。——译注

电般突入自然之中——不相符合。你也许要问：如果我们对此不能理解，它于我们何益？这个问题很好回答。人不明白食物如何为他提供营养，照样可以饮食，同样，人不知道基督之死如何使他与上帝和好，照样可以接受他的救赎。实际上，人不接受他的救赎，就绝对无法知道基督之死如何促成他与上帝的和好。

我们知道基督为我们而死，他的死洗净了我们的罪，通过死他战胜了死亡的权势。这就是那个方程式，就是基督教，是我们必须相信的。在我看来，一切解释基督之死如何做到这点的理论都是次要的，都只是一些设想或图表，倘若不能给我们帮助都可以不予理会，即使能给我们帮助，也不应当与事情本身混淆起来。尽管如此，有些理论还是值得考虑。

大多数人听到的是我前面提到的那种理论，即因为基督甘愿代我们受罚，上帝宽恕了我们。表面上看，这是一个非常愚蠢的理论。如果上帝准备放过我们，他为何不直接这样做？让一个无辜的人代替受罚意义何在？如果从治安、法庭的角度理解惩罚，我确实看不出有何意义。但是如果从债务的角度来考虑，有钱人替无钱人还债还是完全可以理解的。或者，如果你不把受罚理解为受刑罚，而是理解为更广泛意义上的"承担后果"、"付账"，那么，一个人陷入坑中，把他拉出来的责任往往落在一位好心的朋友身上，这是一种常见的现象。

人类陷入的是一个什么样的"坑"？人企图依靠自己独立，所作所为仿佛自己属于自己。换句话说，堕落的人类不仅不是完美的造物，需要改进，他还是一个叛逆者，必须放下武器。放下武器、投降、道歉、意识到自己走上了邪路、准备重新从头开始生活，这是脱"坑"的唯一出路。这个投降的过程，这项全速后退的运动，就是基督徒所说的悔改。悔改绝非儿戏，它比单纯的含辱忍垢要难得多，它意味着放弃几千年来我们培养而成的自负和自我意志，意味着消灭自己的一部分、经历一种死亡。实际上，唯有好人才能够悔改。这里就出现了一个问题：唯有坏人才需要悔改，唯有好人才能够完美地悔改。人越坏，越需要悔改，也越不能悔改。唯有完美的人才能够完美地悔改，可是完美的人不需要悔改。

记住：这种悔改、甘愿受辱、经历死亡不是上帝重新接纳你的条件，也不是他若愿意你就可以免做之事，这只是对你回归上帝的过程的描述。不悔改就让上帝重新接纳你，等于自己不回去，却叫上帝让你回去。这是不可能的。所以，我们必须经历悔改这个过程。因为恶，我们才需要悔改，而恶又使我们无力悔改。如果上帝帮助我们，我们能悔改吗？能。可是，说上帝帮助我们究竟是什么意思？我们的意思是，上帝把他自己放一点到我们里面。他将自己的思维能力借给我们一点，我们就可以思考；他把自己的爱放一点到我们之中，我们就可以彼此相爱。教孩子写字时,你握住他的手,教他一笔一划地写,也就是说,孩子之所以能一笔一划地写是因为你在写。我们之所以有爱、有思想是因为上帝有爱、有思想,我们这样做时,上帝握着我们的手。假如我们没有堕落,一切都会这样顺利地进行下去。不幸的是,我们现在需要上帝帮助我们做他照自己的本性从来不做的事——投降、受苦、顺服、死亡,上帝的本性中没有一点与这一过程相符。所以,我们现在最需要上帝指引的路,是上帝照他的本性从未走过的一条路。上帝只能与我们分享他拥有的,而这个过程是他的本性中没有的。

但是,假定上帝变成人,假定能够经历痛苦和死亡的人性与上帝的本性结合在一个人身上,那么,这个人就能够帮助我们。因为他是人,所以他可以交出自己的意志、受苦、死亡;因为他是上帝,所以他能够完美地做到这点。只有当上帝在我们里面这样做时,你我才能经历这一过程,但是上帝这样做首先需要变成人。我们的理性是上帝智慧的海洋中的一滴水,所以我们能够思考,同样,我们只有分享上帝的死亡,才能够真正经历死亡。上帝不变成人便不可能死,上帝不死,我们便不能分享他的死。正是在这个意义上,我们说上帝偿还了我们的债务,为我们经历了他自己无需经历的痛苦。

我听过有些人抱怨说,耶稣如果既是人又是上帝,他的受苦和死亡在他们眼里就没有任何意义，"因为对于他来说，受苦和死亡一定非常容易。"有些人对此进行了（非常正当的）批驳，批驳他们不通人情，毫无感激之心。令我惊奇的是这种观念所体现的误解。当然，从某种意义上说，这样抱怨的人是正确的，他们甚至没有充分地陈述自己的理由。因为耶稣是上帝，所以，完美的顺服、完美的受苦、完美的死亡对于他来说比较容易，也正因为他是上帝，他才可能做到这点。可是，我们若因此不接受他的顺服、受苦和死亡，是不是太奇怪了？老师能够帮助孩子写字，是因为他是大人，知道怎样写字。写字对于老师来说当然很容易，也正因为容易他才能够帮助孩子。孩子若因"写字对于大人来说很容易"就拒绝大人的帮助，等着向另外一个也不会写字的孩子学习（这样就不存在"不公平的"优势），他的进步不会很快。如果我掉入一条湍急的河中，一个一只脚站在岸上的人也许可以帮助我，拯救我的性命。（在沉浮之间）我应该冲着他嚷："别救我，这不公平！你有优势！有一只脚站在岸上。"对吗？正因为那种优势（如果你愿意，你可以称之为不公平），他才能够帮助我。你不向一个比你强的人求助，向谁求助呢？

这是我对基督徒所说的救赎的看法。但是请记住，这只不过又是一幅图像，不要错把它当作事实本身。它若不能给你帮助，就不要理会它。

实际的结论

  基督经历了完美的顺服和十足的羞辱,完美是因为他是上帝,顺服和羞辱是因为他是人。基督徒相信,如果我们和他一起谦卑、受苦,我们也将和他一起战胜死亡,在死后得到新的生命,在新的生命中成为完美的造物,获得完美的幸福。这意味着我们不能仅仅停留在努力听从基督的教导上。人们常问:生命的新阶段——超越人的阶段何时到来?基督教认为,这个阶段已经到来,在基督中一种新人已经出现,在基督中开始的新生命也将进入我们里面。

  如何进入呢?想想我们是如何获得这个旧的、普通的生命的。我们的生命来自他人,来自父母和所有的祖先,未经我们的同意,通过一个非常奇特的过程到来,其中包含了快乐、痛苦和危险。这是我们从未猜测到的,大多数人在孩提时代花了很多年极力想猜测它,有些孩子在第一次听说这个过程时不相信它,我想我不应该责备他们,因为这的确很奇特。安排这个过程的上帝也是安排那种新生命——基督的生命——传递到我们之中的上帝,我们也应该预料到它的奇特。上帝在发明两性的时候没有征求我们的意见,在发明这种新生命时也没有。

基督的生命通过三种方式传递给我们:洗礼、信仰和圣餐(这是一种神秘的做法,基督徒对其称呼不一:圣餐、弥撒、主的晚餐等等)。至少这是三种常见的方法。我不是说不存在一些特殊的情况,在有些情况下基督的生命只通过其中一种或两种方式传递给我们。我没有时间去讨论特殊的情况,对此了解得也不多。如果你想用几分钟的时间告诉一个人怎么去爱丁堡,你会告诉他坐火车,当然他可以坐船或飞机去,但是你不大会提这两项。我也不是在讨论这三者中哪一个最基本。卫理公会教徒希望我多讲一点信仰,(相应地)少讲一点其他两个方面,我不涉及这个问题。实际上,任何一个宣称传授基督教教义的人都会叫你三种方法都使用,这对于我们眼下的讨论来说就足够了。

我自己也不明白这种新生命为何要靠这些方式来传递。同样,若不是有人了解了性知识,我也永远不明白一次的肉体快乐与新生儿的诞生之间有何联系。我们必须按照现实本来的面目来接受它，说它应该怎样，或我们原以为怎样，都毫无意义。尽管我不明白新生命为什么这样传递，但我可以告诉你，我为什么相信它是这样传递的。我在前面解释了我为什么必须相信耶稣那时是（现在仍是）上帝。他告诉门徒说新生命以这种方式传递，这似乎是一个显然的历史事实。换句话说，我的相信来自他的权威。不要被"权威"这个词吓倒。相信权威的意思是，你之所以相信某事，是因为说话者是一个你认为可以信赖的人。我们相信的事情有百分之九十九来自权威。我相信有纽约这个地方。我自己没有见过纽约，也不可能通过抽象的推理证明这个地方一定存在，我之所以相信，是因为有可以信赖的人告诉了我。一个普通人相信太阳系、原子、进化、血液循环，他的相信来自权威，因为科学家是这样说的。我们对世界上每一起历史事件的相信都来自权威。在座的没有人见过诺曼底征服，也没有人见过西班牙无敌舰队的惨败，没有人能像在数学中那样通过纯粹的逻辑证明这些事。我们相信它们确实发生，是因为这些事件的目击者留下了记录，这些记录告诉了我们，我们相信的实际上是权威。像有些讨厌宗教权威的人一样，讨厌其他权威的人也不得抱怨自己一辈子一无所知。

我提出洗礼、信仰和圣餐，但并不是要你用这些东西代替个人效法基督的努力。人的自然的生命来自父母,但这并不是说,人无需做任何事,生命就会自动延续。你可能会因疏忽大意丧失生命,也可能用自杀来强行结束生命,你必须供给生命以所需的营养,看护生命。但是要永远记住:你不是在创造生命,只是在保持从别人那里得来的生命。同样,基督徒也会失去在他里面的基督的生命,必须努力保持这一生命。但是,历史上最好的基督徒也不是靠自己来行事,绝不可能凭自己的努力获得这一生命,他只是在滋养它、保护它。这具有实际的意义。只要自然的生命还存在你的体内,它就会采取很多措施来修复你的身体,受了刀伤,它能在一定程度上愈合,死去的身体则不能。活着的身体不是永远不会受伤,而是能够在某种程度上自行恢复。同样,基督徒不是永远不会犯错,而是有能力忏悔,每次跌倒后能够振作起来,重新开始,因为基督的生命在他里面,一直在修复他,使他能够(在某种程度上)重复基督自己经历的那种甘愿死亡的过程。

基督徒与其他努力行善的人不同,原因即在此。后者希望,如果存在一位上帝,他们的善行能够取悦上帝,如果没有上帝,他们至少能够博得好人的赞扬。基督徒认为,他所行的一切善都来自他里面的基督的生命,上帝不是因为我们好而爱我们,因为他爱我们,所以才使我们好,正如温室的屋顶不是因为明亮才吸引阳光,而是因为阳光照射,它才变得明亮。

我想明确一点,那就是,当基督徒说基督的生命在他里面时,他们指的不只是思想或道德方面的东西。当他们说自己"在基督里"或基督"在他们里"时,这不只是说他们思考基督或效法基督,他们指的是基督确实通过他们做工,全体基督徒是基督借以行动的有形的身体,我们是他的手指、肌肉、体内的细胞。这也许解释了一两件事情。它解释了为什么这种新生命的传递靠的不但是信仰这类的纯思维活动,还有洗礼、圣餐这类的身体活动。这种新生命不只是观念的传播,它更像进化,是一种生物上的或超生物上的事实。人想比上帝更加精神化是没有用处的,上帝从来没有打算让人成为纯精神的造物,所以,他借助面包和酒这类的物质赐予我们新的生命。我们可能认为这很粗鄙,不超凡脱俗,但是上帝不这样认为,他发明了饮食,他喜欢物质,发明了物质。

还有一件事以前常常令我困惑,那就是,唯有那些听说过基督,因而能够相信他的人,才可以获得这种新生命。这岂不是太不公平?事实是,上帝没有告诉我们他对其他人的安排。我们知道,不藉着基督无人可以得救,但我们不能肯定,是不是唯有知道基督的人才藉着他得救。同时,如果你替那些没有听说过基督的人担忧,你自己不接受基督就是极不明智的。基督徒是基督的身体,是他借以工作的有机体,这个身体每扩大一点,他就可以多做一些工作。如果你想帮助那些外面的人,你自己就应当作为一分子加入到基督的身体当中,因为唯有基督才可以帮助他们。想让一个人多做工作,却又截掉他的几个手指头,这是不可思议的。

还有人可能提出这样的异议:上帝为什么要乔装降临①到这个被敌人占领的世界,创建一种秘密的团体②来暗中破坏魔鬼的工作?他为什么不带着大批的天军降临,大举进攻这个世界?是因为他的力量不够强大吗?基督徒认为,上帝将来是要带着大批的天军降临,只是我们不知道这事何时发生。但是我们猜得出他推迟这一行动的原因:他想给我们机会,让我们自愿加入他那一方。一个法国人如果一直等到盟军进驻德国时才宣布站在我们一边,我想你我都会看不起他。上帝会大举进攻,但是我想知道,那些要求上帝公开、直接干预世界的人,是否充分意识到上帝果真干预时是一幅怎样的情景。此事发生之时也就是世界终结之日,剧作家走上舞台时,戏就结束了。上帝是将大举进攻,没错。但是,当你看到整个自然的宇宙如梦幻般消逝,某个别样的东西——你从未想过的、对有些人来说如此美丽、对另外一些人来说如此可怕的东西——直闯进来,谁都没有选择余地的时候,宣布自己站在上帝一方有

---

① 指上帝道成肉身。——译注
② 指基督教会。——译注

何益处？因为此时出现的不再是乔装的上帝，而是某个势不可当的东西，它让每个造物都切身感受到不可抗拒的爱或恐惧。那时再选择站在哪一方就为时已晚，在你已经站不起来的时候，说"我选择躺下去"是没有用处的。那已经不是选择，而是发现自己真正选择了哪一方的时候（不管以前你是否意识到了这种选择）。现在，今天，此刻，就是我们选择正确一方的机会，上帝推迟行动为的是给我们这个机会，这个机会不会永远留在那里，我们不把握它就是放弃它。

第三章

基督徒的行为

道德三部分

有一个故事讲到一个小男生。有人问他"你认为上帝是什么样子",他说据他所知,上帝"总是到处窥探,看是否有人开心,发现了就极力制止。"一提到道德,很多人可能都产生这种联想,道德是个干涉你、不让你开心的东西。实际上,道德准则是人这台机器的用户指南,每一条道德准则的存在,都是为了避免这台机器在运转过程中发生故障、负荷过度、产生摩擦,所以,这些准则一开始似乎总与我们的天性作对。你在学习怎样使用这台机器时,师傅会不断地告诉你:"不,别这样做。"因为有很多事情在你看来是正常的,理所当然应该用这种方式来操作,可是实际上却行不通。

有些人喜欢谈道德"理想",不喜欢谈道德准则,喜欢谈道德上的"理想主义",不喜欢谈道德实践。诚然,我们无法达到道德的完美,从这个意义来说,道德是一种"理想"。从这个意义来说,一切的完美对于人类都是一种理想,我们不可能做一个完美的驾驶员、完美的网球选手、画出绝对笔直的线。但是从另外一种意义来说,称道德的完美为一种"理想"着实令人误解。当一个人说某位女性、某座房子、某艘船或某座花园是他的"理想"时,他并不意味着(除非他是个十足的傻瓜)人人都应该和他有同样的理想,在这些事情上我们可以有不同的爱好,因而有不同的理想。但是,称一个谨守道德律的人为"具有崇高理想的人"是危险的,因为它会让你觉得道德的完美是他个人的爱好,其他的人没有必要和他有同样的爱好。这是一个极其严重的错误。十全十美的行为也许像开车时准确的换挡一样无法达到,但是,它是人这台机器的本性为所有人规定的一个不可或缺的理想,就像准确的换挡是车的本性要求所有驾驶员都具备的理想一样。一个人若因自己努力做到绝不撒谎(不是偶尔撒谎)、绝不犯奸淫(不是偶尔越轨)、绝不欺侮别人(不是适度地欺侮),便认为自己"具有崇高的理想",这就更加危险。它会让你自命不凡,觉得自己很特别,认为别人应该为你的"理想主义"庆贺。倘若如此,你每次计算时力求把题算对也该值得庆贺了。计算正确是"一种理想",有些计算难免会出错误,但是,每次计算时力求做到每一步正确没什么值得炫耀,不去努力是愚蠢的,因为每一个错误都会给你以后带来麻烦。同样,每一个道德错误肯定都会给你自己,还可能给别人带来麻烦。不谈"理想"和"理想主义",改谈准则和实践有助于提醒我们注意这些事实。

我们再进一步探讨这个问题。人这台机器可能出现两种故障。一种是个体之间彼此疏远或相互冲突,以欺骗或欺侮的方式彼此伤害。另一种是个体内部出现故障,他的各个部分(不同的官能、欲望等等)或各行其道,或相互干预。把人类想象成一支列队行进的舰队,你就可以明白这点。要想航行胜利,首先,船只之间不能相互碰撞,不能阻挡彼此的航道;其次,每艘船自己必须经得起风浪,引擎良好。实际上,这两者缺一不可。如果船只不停地发生碰撞,它们很快就再也经不起风浪;另一方面,如果船只自身的操舵装置失灵,船只之间也难免相互碰撞。如果你愿意,你也可以把人类看作一支演奏的乐队。若想演出成功,需要具备两点:每个乐手的乐器必须音调准确,每种乐器必须在恰当的时刻加入进来,和其他乐器一起演奏。

但是有一点我们尚未考虑,我们没有问这支舰队到底要去哪里,这支乐队想演奏哪一首曲目。这些乐器音调可能都准确,也都在恰当的时刻加入了进来,但是如果他们应邀演奏舞曲,结果却演奏了"葬礼进行曲",演出仍然不能成功。这支舰队无论航行多么顺利,如果其目的地原本是纽约,结果却抵达了加尔各答,这次航行仍然失败。

如此看来,道德似乎涉及三件事。一是个体之间的公平与协调一致,二是每个个体内部的清洁与协调一致,三是人生的总体目标,即人为何而造,这支舰队应该行驶哪条航线,乐队的指挥想让它演奏何种曲调。

你可能注意,现代人考虑的几乎总是第一点,忘记了另外两点。当人们在报纸上说"我们正努力达到基督教的道德标准"时,他们的意思往往是"我们正致力于国家、阶级、个体之间相互友好与公平",也就是说,他们考虑的只是第一点。一个人谈到自己要做的一件事时说:"这不可能是错的,因为它没有给别人造成任何伤害。"当他这样说时,他想到的只是第一点,他在想:只要自己的船只不撞上旁边的船只,自己的船只本身如何无关紧要。我们开始思考道德时首先想到的是第一点,即社会关系,这是很自然的。这一方面是因为,不好的道德在社会关系领域产生的后果非常明显,我们每天都会不由自主地看到,如战争、贫困、贪污、谎言、假货等。另外一个原因是,只要局限于第一点,大家对道德问题就少有异议,几乎所有时代的所有人(在理论上)都同意人应该诚实、友善、相互帮助。首先想到第一点虽然很自然,但是对道德的思考若仅停留于此,我们还不如不作思考。不进一步思考第二点,不思考每个人内部的清洁,我们只是在自己欺骗自己。

如果船只自身破旧不堪,根本无法行驶,教它们如何行驶,以免相互碰撞有何意义?如果我们知道自己的贪婪、怯懦、坏脾气、自负使得我们无法遵守社会行为的规则,在纸上起草这些规则有何意义?我绝不是说我们不应当考虑、认真地考虑社会和经济体制的改善问题,我的意思是,我们若意识不到唯有个体的勇敢和无私才能使一个体制有效地发挥作用,所有这一切考虑都只是空想。消灭现行体制中存在的具体的贪赃枉法、恃强凌弱的现象很容易,但是只要人还是骗子,还是恶霸,他们就会找出新的办法在新的体制下玩老一套的把戏。你不可能通过法律让人成为好人,没有好人就不可能有好社会。所以,我们必须进一步考虑第二点——个体内在的道德。

我认为我们也不能停留于第二点,我们现在该谈不同的宇宙观引发不同的行为这个问题了。乍一看,停留在凡有头脑的人都一致同意的道德,不深入到宇宙观的层面,是很明智的。可是,我们能不往前思考吗?不要忘记,宗教包含了一系列对事实的陈述,这些陈述或正确或错误。如果正确,它对人类这支舰队正确航行就会有一套相应的结论,如果错误,相应就会有一套完全不同的结论。以上述那个人为例,他说一件事只要不伤害别人就不为错,他很清楚自己不应该损害舰队中其他船只,但是他也确实认为,他对自己的船只做什么纯属私事,与别人无关。但是,这艘船是否是他私人的财产难道不至关重要吗?我是自己的身体和思想的主人,与我只是一个佃户,应该向真正的主人负责,难道没有重大的区别吗?如果别人为了他自己的目的创造了我,我对他就要尽很多的义务,而这义务在我属于自己时是不存在的。

基督教宣称每个人都有永生,这句话不是对就是错。倘若我只能活七十岁,有很多事就不值得我去操心,但是倘若我有永生,我最好认真地考虑考虑。我的坏脾气或嫉妒心可能会逐渐变得严重,这个变化过程缓慢,在七十年内不会太显著,但是在一万年内就可能变成真正的地狱。事实上,如果基督教说得对,用地狱这个词来描述我未来的状态再准确不过了。人的不朽还带来另外一个不同,这个不同慢慢就与极权主义和民主之间的不同联系起来。倘若个人只能活七十岁,一个可能会存在一千年的国家、民族或文明就比个人重要。但是如果基督教说得对,个人就不但更重要,而且不知要重要多少倍,因为他有永生,与他相比,一个国家、文明的寿命只是一瞬间。

如此看来,要考虑道德,我们就必须考虑三点:人与人之间的关系、个人的情况、人与创造他的力量之间的关系。在第一点上大家意见一致,从第二点开始产生分歧,在第三点上分歧更加严重。基督教与非基督教道德观的主要区别就在第三点。在本书余下的部分，我将从基督教的观点出发，看看如果基督教是真的，道德的全貌将是如何。

"基本德性"

前面部分原是为在电台发表简短讲话而作,你若只有十分钟的讲话时间,一切都得从简考虑。我之所以把道德分为三部分(以舰队作比喻),一个主要的原因是,这样来全面地探讨该问题似乎最便捷。现在我想谈谈先哲们对这个问题的划分,这种分法很好,可是内容太长,我在广播讲话中无法涉及。

按照先哲们的分法,"德性"共有七种,其中四种被称为"基本"德性(Cardinal virtues,"cardinal"一词与罗马教会中的"红衣主教"无关,它来自一个拉丁词,指的是"门的铰链"。这些德性之所以在过去被称为"基本"德性,是因为它们很关键,"起枢轴的作用"),另三种被称为"神学"德性。"基本"德性为所有文明人所认可,"神学"德性通常只为基督徒所知。神学德性我在后面再谈，现在只谈四种基本德性，它们分别是谨慎、节制、公正和坚毅。

谨慎指的是在实践中运用常识，花工夫仔细思考自己所做的事以及可能产生的后果。如今大多数人都不愿把谨慎视为"美德"。实际上，因为基督说过我们只有像小孩子一样才能进天国①，很多基督徒便产生这种想法，认为只要"善良"，做傻瓜也无妨。这是一种误解。首先，大多数孩子在做自己真正感兴趣的事情时都十分"谨慎"，非常明智地把事情考虑清楚。其次，正如圣保罗指出的，基督的意思绝不是要我们在智慧上永远停留在孩提阶段。基督教导我们不仅要"驯良像鸽子"，还要"灵巧像蛇"，他要的是儿童的心、成人的头脑。他要求我们像好孩子那样单纯、专一、有爱心、肯受教，但是他也要求我们调动一切智慧，时刻警惕，处于一级战备状态。你捐钱给慈善机构，并不代表你无需努力去查明这个机构是否在行骗，你思考上帝本身（例如，在祷告时），并不代表你可以停留于自己五岁时对上帝的认识。诚然，如果你天生智力平庸，上帝不会因此少爱你、少使用你，对那些智力差的人上帝给他们安排了用武之地，但是上帝要求每个人各尽其才。我们正

---

① 参见《马太福音》18：3"你们若不回转，变成小孩子的样式，断不得进天国。"——译注

确的座右铭不是"做个可爱的好童女,谁聪明就让她聪明去吧①,"而是"做个可爱的好童女,别忘了,这包括充分发挥你的聪明才智。"上帝不喜欢人在智力方面懒惰,正如他不喜欢人在其他方面懒惰一样。如果你正在考虑做基督徒,我提醒你,你正在从事一件将要占住你整个身心——你的头脑及其他一切——的事。幸运的是,反过来亦如此。任何一个真心实意想做基督徒的人,很快就会发现自己变得睿智。做基督徒为什么不需要接受特别的教育,其中一个原因就是基督教本身就是一种教育,所以,像班扬那样没文化的信徒也能够写出让全世界震惊的书籍。

很不幸,和其他一些词一样,节制这个词的含义也已发生变化。它现在通常指绝对的戒酒,但在人们将它定为第二大德性的时代,它丝毫没有这种含义。那时的节制不专指饮酒,而是指所有的享乐,它的意思不是戒绝,而是适可而止。认为所有的基督徒都应当绝对的戒酒,是错误的。当然,在具体的时候,某个基督徒或任何一个基督徒可能有义务戒绝烈酒,这可能是因为他是那种不喝则已、一喝必酒醉方休的人,也可能是因为与那些常常醉酒的人在一起,他不应该通过喝酒来纵

---

① 参见《马太福音》25:1—13 中"十童女的比喻"。十个童女拿着灯去迎接新郎,其中有五个是愚拙的,拿着灯却不预备油,另五个是聪明的,拿着灯,又预备了油。——译注

容他们。总的说来,他因为一个充分的理由拒绝一件他不谴责、也愿意看见别人享受的事。有一类坏人,他们有一个特点,自己要戒绝的事也必须要求其他的人戒绝。这不是基督教的做法。某个具体的基督徒可能觉得,自己为了特殊的原因不做各种各样的事情——结婚、吃肉、喝啤酒、看电影——是合适的,但是一旦他说这些事情本身不好,或看不起做这些事情的人,他便走偏了。

节制这个词在现代限指饮酒已经产生了巨大的危害,它让人们忘记了一点,那就是,对许多其他的事,人们完全可能同样没有节制。一个以高尔夫、摩托车为生活中心的男人,一个一门心思扑在服装、桥牌或狗身上的女人,与一个每晚都醉酒的人一样,都"没有节制"。当然,这不那么容易在外表显露出来,迷恋桥牌、高尔夫不会让你倒在马路中间。但是,上帝不会为外表所骗。

公正远不只是指法庭上的公正,我们今天称为"正当"的事,过去都用"公正"表示,它包括诚实、互让、正直、守信等等一类的美德。坚毅(fortitude)包括两种勇敢:危险时表现出的勇敢和在痛苦下坚定不屈的勇敢,现代英语中与它意义最近的一个词可能就是"Guts"①。当然,你会看到,离开了这项

---

① Guts 的意思是"勇气"、"胆量"。——译注

美德,其他任何美德都坚持不了多久。

关于美德还有一点应该注意,那就是,做一件公正或节制的事不等于是一个公正或节制的人。一个水平不高的网球手偶尔可能也会打一个好球,但是当你称一个人为网球好手时,你指的是,通过打无数的好球,他的眼睛、肌肉、神经都已训练有素,足以保证他每次都能打出好球。即使不在打球时,他的身体也仍然透露出一种特定的气质,就像一位数学家,他的思维已经养成了一种特定的习惯,形成了一种特定的眼光,即使不做数学时,那种习惯和眼光也仍然在那里。同样,一个坚持行正义的人最终也形成了一种特定的品质,我们所说的"德性"指的就是这种品质,而不是具体的行为。

这种区分很重要,因为如果我们想到的只是具体的行为,我们就可能助长三种错误的观点:

(1) 我们可能会认为,只要所做的事情正确,做事的手段、理由都无关紧要,愿不愿做、是高高兴兴还是闷闷不乐地做、是出于舆论的威慑还是为了事情本身去做,都不重要。但是事实是,出于不当的原因作出的正当行为无助于"美德"这种内在品质的建立,这种品质才是真正重要的。(如果那位水平不高的网球选手重击一球不是因为他认为有必要这样做,而是因为生气,这一击可能偶然帮他赢了这场比赛,但是不会帮助他成为一名可靠的选手。)

（2）我们可能认为上帝只要求我们遵守一套规则,而他要求的实际是具有特定品质的人。

（3）我们可能认为"德性"只对于今生必要,在彼岸世界我们无需正义,因为在那里我们无需为什么争吵,也没有危险,所以无需勇敢。确实,在彼岸世界可能没有场合需要我们作出正义或勇敢的行为,但是随时随地我们都要做正义的人、勇敢的人,我们只有今生作出正义或勇敢的行为,才能成为那样的人。问题的关键不在于,你没有具备特定的品质上帝就不允许你进入他的永恒世界。关键在于,人自身之中若连这些品质的萌芽都不具备,任何外在的条件都不可能为他营造"天堂",也就是说,不能使他们对上帝为我们预备的深深的、强烈的、稳定的幸福感到满意。

社会道德

对基督教关于人际关系的道德我们需要澄清的第一点是：在这方面基督没有倡导任何全新的道德。新约的金规则（你们愿意人怎样待你们，你们也要怎样待人①）实际上是对众人都认可之事的一个总结。真正伟大的道德导师从来不引进新的道德观念，只有江湖骗子和怪人才会这样做。正如约翰逊博士所说："相对于教导来说，人更需要不断的提醒。"每一位道德导师的真正职责都是反复不断地将我们拉回到那些古老而朴素的原则中来（这些原则是我们都渴望回避的），就像把马拉回到它拒绝跳越的篱笆前，把孩子拉回到他想要逃

① 参见《马太福音》7:12。——译注

避的那部分功课前来一样。

第二点需要澄清的是：基督教没有，也不声称自己有一个详细的政治计划，要把"你们愿意人怎样待你们，你们也要怎样待人"这一点在具体的时间应用到一个社会中。基督教不可能有这样的计划，基督教面向的是所有时代的整个人类，适合一个时代或地区的具体计划对另一个时代或地区未必适合，总之，基督教不以这种方式发挥作用。基督教告诉你要给饥饿的人提供饮食，但不教你如何烹饪；它告诉你读圣经，但不教你学希伯来文和希腊文，甚至英语语法。基督教无意取代、废除普通的人文学科和科学，毋宁说，它是一位指挥，如果愿意服从它的调度，它会给这些人文学科和科学分配恰当的任务。它还是力量的源泉，赋予它们新的生命。

人们说"教会应当领导我们"。如果他们对教会和领导的理解正确，这句话就对，如果理解错误，这句话就不对。他们所说的教会应该指在行为上实践基督教导的全体基督徒；"教会应当领导我们"应该指一些基督徒，那些具备合适才能的人，应当做经济学家和政治家，所有的经济学家和政治家都应当是基督徒，他们在政治和经济学上所作的一切努力都应以实施"你们愿意人怎样待你们，你们也要怎样待人"为目的。倘若这一切真的实现，其他的人也乐意接受这一事实，我们很快就能找到基督教解决我们各自社会问

101

题的答案。但是实际上，当人们要求教会领导时，大多数人的意思是希望神职人员提出一个政治计划。这是愚蠢的。神职人员是教会内部接受特殊训练的一批人，他们专门负责有关我们永生的事务，而我们却叫他们从事一项完全不同的工作，在这方面他们没有接受训练。这项工作实际上应该由我们平信徒来承担。将基督教的原则应用于工会工作或教育上，这应该由身为基督徒的工会领导或校长来做，正如基督教文学由基督徒小说家和戏剧家创作，而不是由主教们业余时间聚集在一起创作一样。

尽管如此，新约（虽未详细描绘）向我们清楚地展示了一个全面的基督教社会的面貌。这个社会中有些东西也许我们不能接受。新约告诉我们，在这个社会中没有吃闲饭或不劳而获的人，不做工者不得食。每个人都靠自己的双手劳动，每个人的劳动都会生产有用的东西，而不是生产愚蠢的奢侈品，然后再用更加愚蠢的广告劝诱人去购买它们。在这个社会没有人"摆阔气"、"摆架子"。从这个角度来说，基督教社会类似于我们今天所说的"左翼"社会。另一方面，这个社会始终主张服从（以及表示尊敬的外在行为），主张人人服从合法任命的行政长官，孩子服从父母，妻子服从丈夫（这一点恐怕很不受欢迎）。第三，这是一个其乐融融的社会，到处充满着歌声和欢乐，在这里人们视忧愁和焦虑为错误。礼貌是基督徒的美德之一,新约不喜欢所谓的"好管闲事"①之人。

假如确实存在一个这样的社会,你我在参观之后会产生一种奇怪的印象:我们会觉得它的经济生活具有强烈的社会主义的色彩,从这种意义上来说它是"先进的",但是它的家庭生活和行为规范却很传统,甚至有些仪式化、贵族化。我们每个人都会喜欢这个社会的某些方面,但是恐怕很少有人喜欢它的所有方面。如果基督教是人类这台机器的总规划,人们对它作出的反应可能亦如是。我们每个人都从不同的角度偏离了这个规划,对它进行了修改,都企图证明修改后的规划就是原始规划本身。你会一次又一次地发现,凡属真正基督教的东西都经过了这样的修改,每个人都为其中的一小部分吸引,想要挑取这部分,放弃其他部分。这就是为什么我们不能取得更大的进步,为什么为截然相反的目的而战的人都说自己在为基督教而战的原因。

还有一点。古希腊的异教徒、旧约中的犹太人、中世纪伟大的基督教导师都给了我们提出忠告,告诫我们,借贷不要取利。但是现代的经济制度完全违背了这一忠告,这(我们称之为投资)已经成为我们整个经济制度的基础。这未必说明我们错了。有些人说,在摩西、亚里士多德以及基督徒一致主张

---

① 参见《彼得前书》4:15。——译注

禁收利息（他们称之为"取利"）的时代，他们没有预见到股份公司的出现，只考虑到个体的放债人，因此，我们不必在意他们的话。在这个问题上我没有最终的发言权，我不是经济学家，不知道投资制度是否该对我们今天的道德景况负责，正是在这点上我们需要基督徒经济学家。但是，我若不告诉你，作为我们整个生活基础的那个东西在三大文明中都一致（至少乍看起来如此）遭到谴责，我便是在撒谎。

再讲一点我就可以结束本节。新约中有一段谈到人都应当做工，原因是，这样"就可有余，分给那缺少的人"①。慈善，即周济穷人是基督教道德的一个基本部分，从上帝区分"绵羊与山羊"那个可怕的比喻中我们看到，人是得永生还是下地狱似乎都取决于它。② 今天有人说慈善不应当存在，我们不应当周济穷人，而应当努力营造一个不存在穷人、不需要周济的社会。他们说我们应当营造一个这样的社会也许很对，但是若有人因此认为我们现在就可以不周济穷人，那就与整个基督教道德分道扬镳了。我相信一个人无法确定周济的数目，唯一可靠的准则恐怕是：给予的要超过能够匀出的。换句话说，如果我们在舒适品、奢侈品、娱乐活动上的花费达到了同

---

① 参见《以弗所书》4：28。——译注
② 参见《马太福音》25：32—46。——译注

等收入之人的普通水平,我们捐赠的可能就太少。如果行善丝毫没有让我们感到拮据,没有给我们带来丝毫妨碍,我们捐赠的就太少。应该有一些我们想做,但因为行善而无法做到的事。我现在说的是一般的"慈善",你自己的亲友、邻居、员工具体的窘迫情况(在某种程度上这是上帝迫使你关注的)要求你捐赠的可能要多得多,甚至会严重影响、危及到你自己的生活。对于很多人来说,行善的主要障碍不在于奢侈的生活或想赚更多的钱的欲望,而在于恐惧,对生活失去保障的恐惧。我们应当常常视之为诱惑。有时候骄傲也会妨碍我们去行善,我们忍不住想要炫耀自己的慷慨,在有些花费上(如,小费、请客)超支,而在那些真正需要我们帮助的人身上付出的却不足。

在结束本节之前,我想冒昧地猜测一下这部分对读者产生的影响。我想,有些"左翼"的读者可能因为我没有讲得更深入而深感不满,持相反观点的人则可能因为我讲得过火而十分生气。果真如我猜测,我们就正好遇到绘制基督教社会蓝图过程中面临的真正困难:在讨论社会道德时,我们并非真心想了解基督教的观点,只是希望从基督教中寻求对自己派别的观点的支持。基督教原本是要给我们一个主人或法官,我们却在它那里寻找盟友。我也一样,这部分的有些内容我原先也想把它省略掉。所以,我们若不从远处讲起,兜一个很大的圈子，这样的讲话便起不到任何效果。没有大多数人真心的渴望，基督教社会不会到来；不变成彻底的基督徒，就不会有真心的渴望。我可以重复"你们愿意人怎样待你们，你们也要怎样待人"这句话，一直重复到声嘶力竭，但是不爱人如己便不能将它真正付诸行动，不学会爱上帝便不能学会爱人如己，不学会遵守上帝的诫命便不能学会爱上帝。所以，正如我前面告诫你的，我们被一步步逼到需要考虑更内在的东西——从考虑社会问题到考虑宗教问题的地步。因为最长的弯路也是最近的归途。

道德与精神分析

我已经说过，除非大多数人都成为基督徒，否则便不会有基督教的社会。当然，这并不是说我们可以不进行任何社会改良，直等到遥远的将来理想时机的到来。我的意思是，我们必须同时开始两项工作：(1)看看如何将"你们愿意人怎样待你们，你们也要怎样待人"具体运用到现代社会中去；(2)做那种掌握了方法就切实去运用的人。下面我要开始考虑基督教对好人的看法，即基督教对人这台机器所定下的规格。

在讨论具体细节之前，我想谈两个大方面的问题。第一个问题：既然基督教宣称自己是让人类这台机器恢复正常的一种方法，我想，你也许想知道它与另外一种方法，即精神分析法（这种方法似乎作过类似的宣称）之间的联系。

你需要明确区分两点：一是精神分析学家实际的医学理论及方法，二是弗洛伊德及其他人加于这些理论和方法之上的笼统的哲学世界观。后者，即弗洛伊德的哲学，与另一位伟大的心理学家荣格是直接冲突的。此外，当弗洛伊德谈如何治疗精神病患者时，他是自己所在研究领域的专家，但是当他进一步谈笼统的哲学时，他是外行。所以，明智的做法是，在一个领域尊重他、倾听他的意见，在另外一个领域却不。我就是这样做的，现在更愿意这样做，因为我发现，当他离开自己的领域，改而谈另外一个我有所了解的领域（即语言）时，他表现出极度的无知。但是，除弗洛伊德及其他人添加的哲学内容外，精神分析本身与基督教毫无冲突，它的方法在有些地方与基督教道德重合，每个人都了解一点精神分析法没有坏处。但是，它与基督教道德不是一直都沿着同样的路线，二者从事的是不同的工作。

人作道德选择时涉及到两点：一是选择的行动；二是他的心理装备向他提供的各种感觉、冲动等，即选择所使用的原材料。原材料可能有两种：一种是正常的，包括人人都具有的那类感觉；另一种可能包括极不自然的感觉，这些感觉来自潜意识中出现的问题。例如，对真正危险的东西感到恐惧属于第一种，对猫或蜘蛛毫无理由的恐惧、男人对男人的反常的渴慕则属第二种。精神分析学的工作是要除去这些不正常的感觉,也就是说,要给人的选择行动提供更好的原材料,而道德只关心选择的行动本身。

我们可以这样来说明这个问题。假定有三个人去作战。一个人对危险怀有常人所有的那份自然的恐惧,通过道德的努力他战胜了这份恐惧,成为一位勇士。假定另外两个人因为潜意识中出现的问题夸大了对危险的恐惧,使之变得不合情理,任何道德的努力都无济于事。假如来了一位精神分析学家,他治愈了两人的心理疾病,也就是说,将两人恢复到与第一个人同样的心理状态。这时,精神分析学就退出,道德问题开始出现,因为这两个人既然已经恢复,就可能走截然不同的两条路。第一个人可能说:"谢天谢地,我终于摆脱了那些恐惧,现在总算可以实现自己的理想,为国尽忠了。"但是,另外一位可能说:"我真高兴自己在炮火之下也能保持适当的冷静了。当然,我还是决定要先照顾好自己,尽可能让那个家伙去冒险,这点不会改变。不再像以前那样恐惧有一点好处,我可以更加集中精力照顾自己,而且可以把这点掩饰得更好,不让别人发觉。"这两个人的区别纯粹在于道德,精神分析学对此无能为力。无论你如何改进这个人的原材料,仍然还有其他东西在发挥作用,那就是这个人在提供给他的原材料的基础上自由作出的实际选择——将自己的利益放在最前还是最后。道德唯一关心的就是这种自由选择。

不良的心理材料不是罪，而是病，人不需要为之忏悔，只需要将它治愈。顺便说一句，这点非常重要。人根据外在的行动来评判彼此，上帝则根据人的道德选择来评判人。一个对猫怀有病态的恐惧的精神病患者，出于善意鼓足勇气拎起一只猫，在上帝的眼里，他很可能比一个心理健康、获得维多利亚十字勋章①的人更勇敢。一个从年轻时就被教坏、视残忍为正当之人，如果他行了一件微不足道的善举，或冒着可能被同伴嘲笑的危险，避免做一件残忍之事，在上帝的眼里，他的行为可能胜过你我为朋友舍命。

我们也可以反过来谈这个问题。我们当中有些人似乎很好，但实际上几乎没有发挥一点自己优良的秉赋和养育，这样的人比我们眼中的坏人更坏。倘若我们和他们一样有着不良的心理条件，接受了不良的养育，又掌有希姆莱②那样的权力，我们能保证自己的行为不会那样吗？所以，圣经教导基督徒不要论断别人。我们只看到一个人在已有的原材料的基础上选择产生的结果，但是上帝不是根据原材料，而是根据他利用原材料作出的行为来判断他。一个人的心理结构很可能大部分都来源于他的身体，身体死了，一切心理结构也都离他而

---

① 英国授予有杰出功勋的军人的勋章。——译注
② 德国纳粹政客，第三帝国第二号权势人物。——译注

去,而那个真正的核心的人,那个作抉择、使原材料发挥最佳或最差作用的东西却赤裸裸地站立在那里。一切我们认为属于自己,实际上却得自良好的胃口的好东西都会离我们而去,一切由体弱、不良的心理产生的不好的东西也会离别人而去。那时,我们才第一次看到每个人的真实面目,我们会为之惊讶。

这样我们就到了我要谈的第二点。人们往往把基督教道德看成是一种讨价还价,上帝说:"你若遵守这种种的规则,我就奖赏你,若不遵守,我就惩罚你。"我认为这不是对基督教道德的最佳认识,我更愿意说,每次你作选择,你都使你核心的那个部分,即作选择的那个部分发生了些微的改变。纵观整个人生,通过无数次这样的选择,你一生都在逐渐地将这个核心的东西转变为神圣或邪恶的造物,转变为与上帝、其他造物及自我和谐,或与上帝、其他造物及自我敌对交战的造物。成为前者即是进入天堂,拥有平安、喜乐、知识和力量;成为后者则意味着疯狂、恐怖、愚蠢、暴怒、无能、永远的孤独。我们每个人每时每刻都向前者或后者迈进。

这解答了我过去对基督教作家一向抱有的疑惑。他们有时候显得极其严格,有时候又极其宽松,纯粹心里的罪在他们看来无比严重,而最可怕的凶杀和背叛在他们看来仿佛只需忏悔就可以得到赦免。现在我开始认识到他们是对的。他们考虑的始终是行为在那个小小的核心的自我上面留下的痕迹，这个痕迹今生没有人看到，但是，每个人都得永远忍受或者享受它。人所处的地位各不相同，一个人的愤怒可能引发几千人流血，另一个人无论如何愤怒可能都只会招来嘲笑。但是，愤怒留在灵魂上的痕迹可能非常相似。除非忏悔，否则两个人在下次遇到可气之事时都更难控制自己不发怒，一旦发怒，就更将暴烈。倘若真心转向上帝，两个人都能将核心的自我中扭曲的部分恢复直，否则，两个人最终都只能走向灭亡。事情表面上的大与小不起真正的决定作用。

最后一点。还记得我前面说的吗？正确的方向让人不仅获得平安，还获得知识。人在变好时越来越清楚地认识到自身残留的恶，在变坏时越来越认识不到自己的恶。一个中等程度坏的人知道自己不太好，一个彻头彻尾坏的人认为自己样样都好，这是常识。人在醒着时知道何为睡眠，睡着时却不知道；在头脑清醒时能发现算术中的错误，在犯错误时却发现不了；在清醒时知道什么是醉酒，在醉酒时却不知道。好人知善又知恶，坏人既不知善也不知恶。

性道德

现在我们需要考虑基督教关于性的道德,即基督徒称作贞洁的德性。我们千万不要把基督教关于贞洁的准则与社会关于"正派",即得体、体面的准则混淆起来。社会关于得体的准则根据的是具体社会群体的习俗,比如规定人体多少部分可以暴露,哪些话题可以谈论,以及用什么样的言语谈论。因此,虽然贞洁的准则对于所有时代的所有基督徒都相同,得体的准则却会发生变化。太平洋岛屿上几乎一丝不挂的少女,与维多利亚时代从头到脚裹得严严实实的贵妇人,按照各自社会的标准可能同样"正派"、得体、体面,仅从服饰来看,可能同样贞洁(或同样不贞洁);莎士比亚时代贞洁的妇女使用的有些语言,在十九世纪只有彻底放荡的女人才会使用。人若为了刺激自己或别人的情欲，违背自己所处时代和地区有关得体的准则，就是不贞洁；若出于无知或粗心违背了这一准则，只能算不懂礼貌；若为了让人震惊或尴尬故意违背这一准则，则未必不贞，但肯定不友善，因为以令别人不自在为乐是不友善的。我不认为非常严格或苛求的得体标准能证明或有助于人的贞洁，因此，当今大大放松、简化这一标准在我看来是件好事。在目前这个阶段，这种放松和简化也带来了不便，不同年龄、不同类型的人认可的标准不一，我们很难知道自己究竟是对是错。我认为，只要这种困惑存在，老年人、保守人士就应十分谨慎，不要认为年轻人、开放人士只要（按照老标准）行为一不得当，就是堕落。反过来，年轻人也不要因为长辈们不易接受新标准，就称他们为假正经或过于拘谨。真心希望自己能够相信在别人身上发现的一切长处，尽可能使别人感到自在，大多数的问题就可以迎刃而解。

贞洁是基督教美德中最不受欢迎的美德，无人能够回避。基督教规定："要么结婚，对伴侣绝对忠贞，要么彻底地节欲。"做到这点是如此之难，它与我们的本能如此地相反，显然，不是基督教错了，便是我们目前状态下的性本能出了问题，非此即彼。当然，以基督徒的立场看，我认为是我们的性本能出了问题。

我之所以这样认为还有其他的原因。性从生物学的角度来说是为了生育，正如吃饭从生物学的角度来说是为了恢复身体一样。假如我们想吃就吃，想吃多少就吃多少，大多数人肯定会吃得太多，但是不会多得可怕。一个人可能会吃下两个人的食物，但不会吃下十个人的食物。食欲会稍微地超出生物学上的需要，但不会超出太多。但是，如果一个健康的年轻人放纵自己的性欲，任何时候有性欲望都予以满足，那么，假定他每次都生一个孩子，十年内他就可能轻而易举就生出一个小村庄的人口，这种欲望大大超出了其生理功能，到了荒谬反常的地步。

我们可以换一种方式来看这个问题。你可能会召集到一大群人来看脱衣舞，即看一个女孩子在舞台上作脱衣表演。现在，假定你来到一个国家，在这里你只要拿一个盖着的盘子走上舞台，慢慢揭开盖子，在灯光熄灭前的一刹那让每个人看到盘子里装着一块羊排或一点熏肉，就可以吸引满满一剧院人，你不觉得那个国家的人食欲出了问题吗？同样，我们的性本能所处的状态，对于任何一位在另外一种环境中长大的人来说，不也是很奇怪吗？

有一位听众发表评论说，如果他发现在哪个国家上述情况很普遍，他就断定这个国家的百姓处于饥饿状态。当然，他也想暗示跳脱衣舞这类的事情不是源于性堕落，而是源于性饥饿。我同意，如果在某个奇怪的国家，揭开一个装着羊排的盘子就可以吸引一大群观众这类情况很普遍，我对此所作的一种解释是饥荒。但是紧接着我们就应该验证这种猜测，看看那个国家的人民消费的食物究竟是多是少。如果有证据表明那个国家的人民消费了大量的食物，我们就应该否定饥饿这一猜测，极力寻找其他原因。同样，在将跳脱衣舞归为性饥饿之前，我们也应该寻找证据，看看我们这个时代是不是比跳脱衣舞这类的事情闻所未闻的时代禁欲更加严格。当然，我们没有找到这类的证据。避孕用具已经使婚内的纵欲代价比以前大大降低，使婚外的纵欲更加安全；舆论对非法同居，甚至同性恋的反对，自非基督教时代以来也最为和缓。对跳脱衣舞的原因的猜测不限于性饥饿一种，人人都知道，像其他欲望一样，性欲也随着纵容增涨。饥饿的人可能总惦记着食物，贪食者也如此，吃得过饱的人像挨饿的人一样，喜欢挑逗自己的食欲。

再有一点，你发现很少有人吃实际上并非食物的东西，也很少拿了食物不吃而派作其他用场。换句话说，食欲变态的情况极为罕见。但是，性本能变态的情况却很多，很难医治，十分可怕。我为自己深入这些细节感到抱歉，但我必须这样做，因为你我在过去的二十年里整天听到有关性的彻头彻尾的谎言，人们不厌其烦地告诉你，性欲望和其他自然的欲望处于同样的状况，只要我们抛弃过去维多利亚时代禁止谈性的愚蠢观念,性花园中的一切就会变得美丽。这不是真的。你只要不听舆论宣传,看看事实,就会明白这不是真的。

人们告诉你说,今天的性混乱是由于过去禁止谈性引起的。可是在过去二十年中我们并没有禁止谈性,性整天被人挂在口上,但是仍然很混乱。如果禁止谈性是性混乱的根由,敞开谈性应该能将其纠正,结果却没有。我认为实际情况恰恰相反,人类起初之所以禁止谈性,是因为性已经变得非常混乱。现代人总是说"性没有什么可羞耻的",这句话可能有两种意思。一种意思可能是:"人类以性这种特定的方式繁衍没有什么可羞耻的,性给人带来快乐也没有什么可羞耻的。"倘若说话人指的是这种意思,他们就是对的,基督教也这样说。问题不在于性本身,也不在于快乐。古代基督教的导师们说,人类如果没有堕落,性给人带来的快乐非但不比现在少,反而会比现在更多。我知道一些糊涂的基督徒言谈之间给人一种感觉,仿佛基督教视性、身体、快乐本身为恶,这是错误的。在各大宗教中,基督教几乎是唯一一个彻底肯定身体的宗教。基督教相信物质是善的,上帝自己就曾经以血肉之躯来到世间,甚至将来在天国,上帝也会给我们以某种形式的身体,这个身体将是我们的幸福、美和活力必不可少的一部分。基督教对婚姻的赞美超过了一切其他的宗教,世界上几乎所有伟大的爱情诗篇都出自基督徒之手。如果有人说性本身是恶的,基督教会立刻予以反驳。当然,人们说"性没有什么可羞耻的",也可能指"性本能如今所处的状态没有什么可羞耻的。"

如果他们指的是这个意思,我认为他们就错了,性本能如今的状态是完全可耻的。人享用食物无可羞耻,但是如果世界上有一半人以食物为人生的主要旨趣,将时间都花在观赏食物的图片、垂涎欲滴、咂嘴舔舌上,人们就要以此为耻。我不是说,你我个人应该为性本能当今的状况负责。我们的祖先遗传给我们的身体在这方面就是扭曲的;我们在一个崇尚不贞洁的宣传环境中长大;有些人为了从我们身上牟利,希望能不断地煽起我们的性本能(因为鬼迷心窍的人几乎没有任何拒买力)。上帝知道我们的境况,他不会认为我们无任何困难需要克服,并以此来评判我们。真正重要的是,我们要有诚心和毅力,愿意克服这些困难。

我们在得到医治之前,首先要有想得到医治的渴望,真心希望获得帮助的人最终会得到帮助。但是很多现代人连这份希望都很难拥有,人很容易在自己并不真心希望得到什么时误以为自己希望得到它。很久以前一位著名的基督徒告诉我们,他年轻时常常为自己的贞洁祈祷,几年之后他才意识到,当他口中不停地说"噢,主,求你使我贞洁"时,他的心里其实一直在暗暗地说"但是,请你不要让我现在就贞洁。"我们在为其他的德性祈祷时可能也如此。如今我们渴望（更不必说达到）彻底的贞洁尤其困难，原因有三。

首先，我们已经扭曲的本性、引诱我们的魔鬼、现代对情欲的种种宣传结合在一起，让我们觉得自己正在抗拒的欲望非常"自然"、"健康"、合情合理，抗拒这些欲望简直就是违反常理、不正常。一张又一张的广告画、一部又一部的电影、一本又一本的小说把纵欲与健康、正常、青春、坦率、风趣等联系在一起。这种联系是一个谎言，像一切有影响力的谎言一样，它也是以真理为基础。这个真理（正如前面承认的）就是：性本身（如果不过度，不发展到痴迷）是"正常的"、"健康的"。这种联系之所以是谎言，原因在于，它暗示你现在受到诱惑发生的一切性行为都是正常的、健康的。这不仅与基督教截然不同，从任何一种观点来看绝对都是胡说八道。向一切欲望妥协显然只会带来性无能、疾病、嫉妒、谎言、隐瞒，以及一切与健康、风趣、坦率相反的东西。即便在今生，要想获得任何幸福，也需有诸多控制。所以，每一种欲望在强烈时宣称自己健康、合情合理，说明不了什么问题。每一个有头脑的文明人都必须有一套原则，根据这套原则选择抵制自己的某些欲望、允许另一些欲望。一个人根据的可能是基督教的原则，另一个根据的是优生学原则，还有一个人根据的是社会学原则。真正的冲突不在基督教与"天性"之间，而在基督教原则与其他原则关于控制"天性"这个问题上,因为你若不想毁掉自己的一生,无论如何你都必须控制"天性"(自然欲望意义上的天性)。无可否认,基督教的原则要严于其他原则,但是我们认为,在遵守基督教原则时你会得到帮助,在遵守其他的原则时却不能。

其次,很多人不尝试追求基督教要求的贞洁,是因为(在尝试之前)他们就认定那是不可能的。可是当人必须去做一件事时,他不应该考虑是否可能。考试时遇到选答题,你可以考虑能否回答,但是遇到必答题,你就必须竭尽全力把它答好。极不满意的答案也可能让你得几分,但是不答肯定一分不得。不但在考试中,在打仗、登山、学滑冰、学游泳、学骑自行车,甚至用冻僵的手指系硬梆梆的衣领这些事情上,人们也都常常做一些事先认为似乎不可能的事。迫不得已时竟然干出一点成就,是最好不过的。

我们可以肯定地说,完美的贞洁就像完美的爱一样,单靠人的努力无法达到。你必须寻求上帝的帮助,甚至在你寻求之后,有很长一段时间你也可能觉得上帝没有给你帮助,或者给你的帮助不够。没有关系。每次失败之后都去祈求上帝的宽恕,振作起来,重新尝试。上帝一开始帮助我们获得的往往不是美德本身,而是这种不断去尝试的力量。这个过程是在培养我们灵魂的习惯,因为无论贞洁(勇气、诚实或其他美德)

多么重要，它都不及这些习惯重要。这个过程打破了我们对自己的幻想，教导我们要依靠上帝。一方面，我们认识到，即使在我们最完美的时候，我们也无法依靠自己；另一方面，即使在最不完美的时候，我们也不必绝望，因为我们的失败得到了宽恕。唯一致命的是，干一切事情都满足于不完美，不再继续努力。

第三，人们常常误会心理学所说的"压抑"。心理学告诉我们，性"受到压抑"是很危险的。但是这里的"受压抑"是一个专业术语，这种"受压抑"不是指"被拒绝"、"被抵制"。一种欲望、念头受压抑，指的是这种欲望、念头已经（往往在极年幼的时期）被推进了潜意识，现在只能以伪装、无法辩认的形式出现在脑海里。对病人而言，受压抑的性欲根本不表现为性欲。当一个少年人或成年人抵制一种有意识的欲望时，他对付的不是压抑，也毫无产生压抑的危险。相反，努力去保持贞洁的人比别人更明显意识到自己的性欲，对它的了解很快也会多得多。他们逐渐了解自己的欲望，就像威灵顿了解拿破仑、侦探福尔摩斯了解莫里亚蒂、捕鼠人了解老鼠、水暖工了解漏水的水管一样。美德，即便只是试图获得的美德，也会带来光明，而放纵只会带来迷茫。

最后我想说的是，虽然我迫不得已在性这个问题上花了相当大的篇幅，但我希望大家明白，基督教道德的核心并不在此。若有人认为基督徒视不贞洁为最大的罪，他就彻底地错了。肉体所犯的罪固然严重，但这种严重性在一切的罪中是最轻的。一切最有害的快乐都是纯精神性的：以冤枉别人为乐，以使唤、庇护、溺爱讨人喜欢的人为乐，以说别人坏话、玩弄权术为乐，以仇视别人为乐。我必须努力实现一个有人性的自我，可是我里面有两个东西在与这个自我相争，一个是动物的自我，一个是魔鬼的自我，魔鬼的自我更坏。一个常上教堂、冷漠、自以为是的伪君子离地狱可能比一个妓女要近得多，原因即在此。当然，二者都不是更好。

基督徒的婚姻

　　我在上一节谈到的主要是消极方面——人的性本能所出的问题，对性本能积极的作用，即基督徒的婚姻谈得很少。我不太想谈婚姻出于两个原因：第一，基督教关于婚姻的教义极不受欢迎；第二，我自己一直没有结婚，因此只能从局外人的角度来谈这个问题。尽管如此，我觉得谈基督教的道德不能省略这个话题。

　　基督教的婚姻观建立在基督的教导之上，基督说丈夫和妻子应该被视为一个单一的有机体（这就是"一体"这个词在现代英语中的意思）。基督徒相信，当基督这样说时，他不是在表达一种观点，而是在陈述一个事实，正如一个人说锁和钥匙是一个装置，小提琴和琴弦是一种乐器时，他是在陈述事实一样。

人这台机器的发明者①告诉我们，它的两半——男人和女人——生来就是要成对地结合在一起，这种结合不只是性方面的，而是整体的。婚姻之外的性关系之所以可恶，是因为那些沉溺其中的人试图将一种结合（性方面的）与其他方面的结合分离开来（这些结合原本应该和性结合在一起，共同构成一个整体）。基督教的婚姻观并不是说性快乐有什么错，正如饮食上的快乐没有什么错一样。基督教的意思是，你不应该将这种快乐孤立起来，只想得到这种快乐本身，正如你不应该只想得到品尝的快乐，却不想吞咽、消化，嚼一嚼就把食物吐掉一样。

因此，基督教教导说婚姻要维持一生一世。当然，在这个问题上不同教会的观点不一，有些教会绝不允许离婚，有些只在极为特殊的情况下才勉强允许。基督徒在这种问题上意见不一确实令人非常遗憾，但对于普通的平信徒来说，需要注意的是，教会之间在婚姻问题上达成的共识比任何一个教会与外界达成的共识要多得多。我的意思是，它们都认为离婚就像一场外科手术，像把一个活生生的身体切开，有些教会认为这个手术太大，不宜进行，另外一些教会承认这是万不得已时铤而走险的一个补救措施。它们都同意这不像生意上的散

---

① 指上帝。——译注

伙,甚至不像战场上做逃兵,这更像锯去人的双腿。它们都不赞同现代人的离婚观,即认为离婚只是更换伴侣,任何时候大家觉得彼此不再相爱,或其中一方爱上别人,都可以离婚。

在考虑这种现代观念与贞洁的关系之前,我们千万不要忘记考虑它与另外一种德性,即正义的关系。如前所说,正义包括信守诺言。每一个在教堂结婚的人都当众许下郑重的诺言,要与伴侣白头偕老。信守这一诺言的义务与性道德没有特别的关系,它与其他的诺言一样,都必须履行。倘若真如现代人一向所说,性冲动与一切其他的冲动没有区别,那么,我们也应该像对待其他的冲动一样对待它,其他冲动的放纵要受诺言的约束,性冲动的放纵也应该如此。如果像我认为的那样,性冲动不同于其他的冲动,而是受到可怕的煽动,我们就应该特别小心,不要让它导致我们的不诚实。

对于这点,有人可能回答说,他(她)认为在教堂许下的诺言只是一种形式,他(她)根本没打算信守这个诺言。那么,我想问,他(她)许诺到底想欺骗谁?欺骗上帝吗?这也太不明智了。欺骗自己吗?这也明智不了多少。欺骗新娘或新郎或对方的双亲吗?这是背信弃义。我认为,更多的时候这一对新人(或其中一方)想欺骗的是大众。他们想不付代价就享有婚姻带来的那份体面,也就是说,他们是骗子,骗了人。他们若仍以骗人为乐,我对他们无话可说,谁会将贞洁这个既高尚又艰难的义务加在那些连诚实都不愿做到的人身上呢？倘若他们醒悟了，想要诚实，已经许下的那份诺言会约束他们。大家看到，这个问题属于正义而不是贞洁的范围。对于不相信永久婚姻的人，未婚同居也许比空许诺言要好。诚然，（在基督教看来）未婚同居是犯了奸淫罪，但是两错相加不等于对，发假誓无助于人的贞洁。

"相爱"是婚姻持续的唯一理由，这种观点实际上没有给婚姻作为契约或承诺留下任何余地。倘若爱是一切，承诺便不能增添什么，承诺若不能增添什么，便不应该去承诺。奇怪的是，当相爱的人真的继续相爱时，他们自己比那些谈论爱的人更清楚这一点。正如切斯特顿①指出的，相爱的人有一种自然而然的倾向，要用承诺来约束自己。全世界的爱情歌曲都充满着永远坚贞的誓言。基督教的律法不是要在爱这种情感之上强加某种异于这种情感自身本质的东西，它要求相爱的人严肃地看待这种情感本身推动他们去做的事。

当然，我在爱对方时因爱而许下的"只要活着就对他忠贞"的诺言，在我即使不再爱他时仍具有同样的约束力，要求我对他忠贞。承诺一定与人能够做到的事、与行动有关，没有人能够承诺继续保持某种感觉。倘若如此，他还可以承诺永

---

① 切斯特顿(1874—1936)，英国作家、护教学家。——译注

远不头痛、永远感觉饥饿。你也许要问:两个人既然已经不再相爱,捆绑在一起还有何意义?对此我们有几点正当的社会理由:为孩子提供家庭;保护妇女(她可能为了结婚,牺牲、损失了自己的事业),使男人不能够在对她感到厌倦时随时抛弃她。还有一点理由我深信不疑,只是解释起来有点困难。

这一点难以解释是因为,有很多人我们无法让他们认识到 B 比 C 好时,A 可能比 B 更好。他们考虑问题往往只从好与坏的角度,不从好—更好—最好或坏—更坏—最坏的角度。他们问你是否认为爱国是件好事,如果你回答说"爱国当然远比个人自私自利要好,但它不及博爱,爱国若与博爱相冲突,爱国应当让位于博爱",他们就会认为你在回避这个问题。他们问你怎样看待决斗,如果你回答说"宽恕一个人远胜过与之决斗,但是,和一辈子与之为敌、暗地说他的坏话以泄私愤相比,决斗又要好得多",他们就会抱怨你不愿意直接告诉他们答案。我希望以下的内容不要引起任何人的误解。

我们所谓的"相爱"是一种令人愉悦的状态,从几个方面来看还对我们有益。它帮助我们变得慷慨、勇敢,开阔我们的眼界,让我们不仅看到所爱之人的美,还看到一切的美。它(尤其是一开始)让我们纯动物性的欲望退居次要地位,从这种意义上说,爱是色欲的伟大的征服者。任何一个有理性的人都不会否认,相爱远胜于通常的耽于酒色或冷酷的自我中心。但是如前所说，"人所能做的最危险的事就是从自己的本性中任意选择一种冲动，将它作为自己应该不惜一切代价去服从的东西。"相爱是好事，但不是最好的事，有很多事不及它，但也有很多事高于它，你不能把它当作整个人生的基础。相爱是一种崇高的感情，但是它终归是感情，没有一种感情我们可以期望它永远保持在炽烈的状态，我们甚至无法期望它保持下去。知识可以永存，原则可以继续，习惯可以保持，但是感情瞬息即逝。实际上，无论人们说什么，所谓"相爱"的那种状态往往不会持续。如果我们把"他们从此幸福地生活在一起"这个古老的童话故事的结尾理解为，"在随后的五十年里他们的感觉和结婚前一日完全一样"，那么，这个结尾讲述的可能是一件从未真实，也永远不会真实，倘若真实便令人非常讨厌的事。哪怕只在那种激情中生活五年，也没有谁能够忍受。你的工作、食欲、睡眠、友谊会变成怎样？当然，"不再相爱"未必意味着不爱。第二种意义上的爱，即有别于"相爱"的爱，不只是一种情感，还是一种深层的合一。它靠意志来维持，靠习惯来有意识地增强，(在基督徒的婚姻中)还靠双方从上帝那里祈求获得的恩典来巩固。即使在彼此不喜欢对方时，他们也能够保持对对方的这种爱，就像你即使不喜欢自己仍然爱自己一样。即使在双方(如果他们允许自己的话)都很容易爱上别人时，他们也仍然能够保持这种。"相爱"首先促使他们承诺忠贞,而这种默默的爱则促使他们信守诺言。婚姻的发动机靠这种爱来运转,而相爱则是启动这台发动机的火花。

当然,如果你不赞同我的观点,你会说:"他没有结婚,对爱一无所知。"你很可能是对的。但是在说这句话之前,你一定要确信,你对我的判断确实源于你自己的亲身体验和对朋友的生活的观察,而不是来自小说和电影中的观念。这点并不如人们想象的那样容易做到,我们的经验彻底地受到书籍、电影、戏剧的浸染,要想把自己确实从生活中学到的东西分离出来,需要耐心和技巧。

人们从书本上得到这样一种印象,那就是,如果找到了合适的人结婚,他们就可以期望永远"相爱"下去。结果,当他们发现自己不再"相爱"时,就认为这证明自己找错了对象,因而有权利更换伴侣。他们没有意识到,更换伴侣之后,新的爱情就像往日的爱情一样会立刻失去魅力。生活的这个领域与一切其他领域一样,开始时会有一些激动,但这些激动不会持久。小男孩第一次想到飞行时很激动,等到加入英国皇家空军、真正学习飞行时,就不再有这份激动;你第一次看到某个可爱的地方时很激动,当你真正住到那里时,那份激动就会消逝。这是不是说不学飞行、不住在美丽的地方更可取呢? 绝对不是。在以上两种情况下,只要你坚持下去,逝去的那份最初的激动都会通过一种更内在、更持久的兴趣得到补偿。更重要的是(我很难用言语告诉你,我认为这是何等地重要),正是那些乐意接受逝去的激动、安于这种冷静兴趣的人,才最有可能在一个全新的领域发现新的令人激动的事物。那位学会飞行、成为一名出色飞行员的人突然发现了音乐,那个定居在美丽的风景区的人发现了园艺。

基督说一样东西不先经历死亡就不会获得真正的生命①,我认为这正是他想表达的部分意思。竭力想保持那份激动毫无用处,最糟糕的事莫过于此。让那份激动逝去,让它死亡,经过那段死亡期进入随后的内在兴趣和幸福之中,你会发现自己一直生活在一个充满新的激动的世界里。如果你决意要让激动成为家常便饭,极力以人为的方式保持它,它就变得越来越平淡,越来越稀少,在余生中你会成为一个百无聊赖、大失所望的老人。正因为很少有人明白这点,所以你才会看到,很多中年男女在新的前景在他们眼前展现,新的门户在他们周围敞开时,喋喋不休地抱怨自己逝去的青春。与永无止尽地(绝望地)寻求幼年初次戏水时的感觉相比,学习游泳要有趣得多。

---

① 参见《约翰福音》12:24"一粒麦子若不落在地里死了,仍旧是一粒;若是死了,就结出许多子粒来。"——译注

我们从小说和戏剧中得到的另一个印象是："坠入爱河"完全是一件无法抗拒的事，如同麻疹，恰好发生在一个人身上。因为相信这点，一些已婚的人在发现自己被新相识吸引时，就自甘坠入情网。但是我倾向于认为，在现实生活中，至少在一个人成年之后，这些无法抗拒的激情要比书本中描述的罕见得多。当我们遇到一个聪明、美丽、可爱的人时，在某种意义上说，我们应该欣赏、喜爱他身上这些美好的品质，但是，这种爱是否应该转变成我们所谓的"相爱"，难道不是在很大程度上取决于我们自己吗？毫无疑问，如果头脑中充满了小说、戏剧、感伤的歌曲，身体内充满了酒精，我们会把感受到的任何一种爱都转变成恋爱，就像路上如果有一条车辙，所有的雨水都会流进去，戴着蓝色眼镜，见到的一切都会变蓝一样。但那是我们自己的错。

在结束离婚这个话题之前，我想区别两个经常混淆的问题：一是基督教的婚姻观；另一个与这颇不相同，即，如果基督徒成为选民或议会成员，通过将自己的婚姻观体现在离婚法中，他们应该将这些观念在社会上普遍推广到何种程度。很多人似乎认为，如果你自己是基督徒，你就应当想方设法阻止别人离婚。我不这样认为。我的观点是，教会应当坦率地承认，大多数英国人不是基督徒，因而我们不可能期望他们过基督徒的生活。婚姻应该分为截然不同的两种：一种由国家通过全体公民都必须遵守的规定来管理,另一种由教会通过会众必须遵守的规定来管理。这两种婚姻应当泾渭分明,这样人们就知道谁的婚姻是基督教意义上的婚姻,谁的婚姻不是。

对基督教关于永久婚姻的教义就讲到此。下面我还要讲一条更不受欢迎的教义:身为基督徒的妻子答应顺服自己的丈夫,在基督教婚姻中男人被称为"头"。① 这显然带来两个疑问:(1)为什么应该有"头",为什么不是平等? (2)为什么这个"头"非男人不可?

(1)"头"之必要源于基督教的婚姻观——婚姻要维持一生一世。当然,只要丈夫和妻子意见一致,就不存在谁为"头"的问题。我们希望这是基督徒婚姻的正常状态。但是,真的发生争议时应该怎么办? 当然,好好谈一谈。假定双方好好谈过,仍旧不能达成一致意见,那该怎么办? 这件事不能通过多数票决定,因为在只有两名成员的"议会"中不存在大多数。那么,只能出现两种情况:双方分离,各奔东西,或者其中一位投决定票。如果婚姻要维持一生一世,其中一方最终必须掌握家庭中的决策权,一个没有章程的联盟不可能永久存在下去。

(2)如果必须有"头",这个"头"为什么应该是男人? 首

---

① 参见《以弗所书》5:22—24。——译注

先我要问:有没有谁真心希望这个"头"是女人？如前所说,我自己没有结婚,但据我所见,即使在自己的家中做"头"的女人,往往也不欣赏邻人家里出现的同样情况。她极可能会说:"可怜的 X 先生！我真不明白他为什么允许那个可怕的女人那样使唤他。"我想,倘若有人提到她在家中做"头",她也不会觉得很自豪。妻子管辖丈夫一定有什么地方不自然,因为除受管辖的丈夫外,她们自己对此也感到有点羞愧。还有一点原因,作为单身汉,我在此很坦率地说出来,因为这个原因局外人比局内人看得更清楚。家庭与外界的关系(我们可以称之为家庭的外交政策)最终必须依靠男人,因为男人对外人始终应当(通常也确实)比女人公正得多。女人主要为自己的孩子和丈夫与外界抗争,对她来说,他们的权利高于其他一切权利是很自然的,从某种意义上来说,几乎是对的,他们的利益特别委托于她。丈夫的责任是确保妻子这种自然的偏爱不随意而为,为了保护其他人不受妻子这种强烈的"爱家主义"的侵害,丈夫有最后的决定权。若有人对此表示怀疑,我想问你一个简单的问题:如果你的狗咬了邻居的孩子,或是你的孩子伤了邻居的狗,你首先找谁解决此事？是男主人还是女主人？你若是一位已婚女士,我想问你这个问题:尽管你很钦佩自己的丈夫,你不说他的主要缺点就在于往往不像你那样维护自己和你的权利、与邻居抗争吗？你不说他有点做和事佬吗？

宽　恕

　　前面有一节说到贞洁是基督教美德中最不受欢迎的美德，可是现在我有点怀疑自己是否正确了。我相信还有一种更不受欢迎的美德，它在基督教"应当爱人如己"的准则中规定了下来。因为在基督教的道德中"邻人"包括"敌人"，所以我们就面临着宽恕仇敌这份可怕的责任。人人都说宽恕这个主意不错，可是，真等到有什么需要宽恕时（像我们在这场战争中遇到的那样），人们就不再这样说，稍提这个话题就会招来一片怒吼。这不是因为人们视宽恕这种美德太高尚、太难实行，而是因为人们视之为可恶可鄙，他们说："说那种话让人恶心。"我想，现在你们当中已经有一半人想问我："如果你是波兰人或犹太人，我想知道你怎么看待宽恕盖世太保这个问题?"

我也想知道,很想知道,就像当基督教告诉我,哪怕刀架在脖子上,我也绝不可以否认自己的信仰时,我很想知道真的出现这种情况时,我会怎么做一样。本书不是要告诉你,我能做什么,我能做的很少,我是在告诉你基督教是什么。这不是我的杜撰,在那里,在基督教的核心部分,我发现了"免我们的债,如同我们免了人的债"。① 这句话丝毫没有暗示,我们是在其他条件下得到宽恕的。很显然,我们若不宽恕别人,自己也得不到宽恕,在此没有其他路可行。我们该怎么办?

不管怎么说,宽恕都是很难的,但是我想,我们可以做两件事来减轻它的难度。学数学不是从微积分开始,而是从简单的加法开始,同样,如果我们真想要(一切都取决于是否真想要)学习怎样宽恕别人,也许我们最好从比宽恕盖世太保容易的事情开始。你可以从自己的丈夫、妻子、父母、儿女、身边的军士开始,宽恕他们上周做的某件事、说的某句话,这很可能就够我们忙一阵子的了。然后,我们再去试着明白爱人如己的真正含义:我必须像爱自己一样去爱他。

我究竟是怎么爱自己的?

想到这点,我发现自己从未真正喜欢过自己、爱过自己,

① 参见《马太福音》6:12。——译注

有时候甚至厌恶自己。所以,"爱邻人"的意思显然不是"喜欢他"、"发现他有魅力"。我以前就应该明白这点,因为你显然不可能通过努力喜欢上一个人。我自我感觉不错,认为自己是好人吗?有时候我可能这样认为(毫无疑问,那是我最坏的时候),但那不是我爱自己的原因。事实正相反:爱自己让我认为自己很好,但是,认为自己很好并非我爱自己的原因。因此,爱仇敌的意思显然也不是认为他们很好。这让我们卸下了一副重担,因为很多人以为,宽恕仇敌的意思就是在仇敌显然很坏时假装他们实际上没那么坏。再进一步想想。在我头脑最清醒的时候,我不但不认为自己是好人,还知道自己是个非常卑鄙的人,对自己做过的一些事感到恐惧和厌恶。所以,显然我有权厌恶、憎恨仇敌做的一些事。想到这点,我记起很久以前我的基督徒老师们的话:我应该恨坏人的行为,而不应该恨坏人本身。或者像他们常说的,恨罪,不恨罪人。

有很长一段时间,我觉得这样的区分很可笑、毫无意义,你怎么可能恨一个人的行为而不恨这个人本身?但是,几年后我想到了一个人,这个人我一辈子都是这样对待他。这个人就是我自己。不管我可能多么讨厌自己的怯懦、自负、贪婪,我仍然爱我自己,从未勉强过自己。实际上,我恨这些东西正是因为我爱这个人,正因为爱自己,我才会为自己干出这些事而难过。所以,基督教不要求我们减少一丝对残忍、叛逆的恨,我们应该恨它们,我们谴责它们的每一个字都是必要的。但是,基督教要求我们恨它们就像恨自己身上的事一样:为那个人竟然干出了那样的事感到难过,如果有可能,希望他能够以某种方式、在某个时候、某个地方得到纠正,重新做人。

真正的考验在这里。假定有个人在报纸上读到一篇有关暴行的报道,再假定突然冒出来一件事,暗示他这篇报道可能不太真实,或者不像人们想象的那么可怕。那个人的第一感觉是"感谢上帝,原来并没那么可怕"呢?还是感到失望,甚至纯粹为了自己高兴,把敌人尽可能往坏处想,坚持相信第一篇报道?如果是第二种情况,那恐怕只是一个过程的开始,沿着这个过程一直走下去,我们就会变成魔鬼。要知道,从这时起,人就开始希望黑色再黑一点。任其自由发展,以后我们就会希望把灰色也看成黑色,再连白色也看成黑色,最后就会坚持把一切,包括上帝、朋友、我们自己都看成是坏的,想不这样看都不行。我们将永远陷在一个只有仇恨的宇宙中。

再进一步想。爱仇敌就等于不惩罚他吗?不是,因为爱自己不等于不应该让自己接受惩罚,甚至连死都应该接受。如果你犯了谋杀罪,作为基督徒,你应该投案自首,被处以死刑。因此,我认为,基督徒法官判人死刑、基督徒士兵杀敌是完全正确的。早在战前,自成为基督徒之后,我一直就这样认为,现在处在和平时期我仍然这样认为。引用"不可杀人"这条诫命没有用处。希腊文中有两个词：普通意义上的"杀人"和"谋杀"，基督在《马太福音》、《马可福音》、《路加福音》中三次引用这条诫命时用的都是"谋杀"这个词。我听说在希伯来文中也有同样的区分。正如不是所有的性交都是通奸，不是所有的杀人都是谋杀。当士兵们来问施洗约翰他们应该怎么做时，①他丝毫没有暗示他们应该离开军队。基督遇到一位罗马的军士长（他们称为百夫长）时也没有这样暗示。骑士的观念，即为了正义事业身负武装的基督徒的观念，是基督教的一个伟大的观念。战争是一件可怕的事，一个衷心提倡和平的人，即使我认为他彻底地错了，仍然能够尊重他。我不能理解的是今天所看到的那种半和平主义，它教导人们：尽管你不得不去打仗，你必须拉长着面孔去打，仿佛为此感到耻辱。正是这种耻辱感剥夺了很多现役的年轻优秀的基督徒他们有权获得的东西——勇敢天生的伴侣：快乐与全心全意。

我常常想，倘若在第一次世界大战中，我和一位年轻的德国士兵同时杀死了对方，死后不久发现彼此又见面了，那会是一种什么样的感觉。我想我们对彼此都不会有一丝的怨恨，甚至不会感到一点尴尬，只会大笑一场。

我想有人可能会说："如果基督教允许人谴责仇敌的行

---

① 参见《路加福音》3：14。——译注

为、惩罚他、杀他,它的道德观和普通的观念之间有何区别?"
二者之间有着天壤之别。记住,我们基督徒认为人有永生,所
以,真正重要的是位于灵魂里面核心部位的那些小小的标志,
或者说转弯处,它们最终决定灵魂是上天堂还是下地狱。必
要时我们可以杀人,但绝不可以恨人并以此为乐;必要时我们
可以惩罚人,但绝不要以此为乐。换句话说,我们里面的某个
东西——那种怨恨的感觉、想要报复的感觉,必须彻底摧毁。
我的意思并不是说,每个人现在就能决定他以后再也不会有
这种感觉,现实不是如此。我的意思是,日复一日,年复一年,
在我们的一生中,每当这种感觉出现时,我们都必须给它一个
迎头痛击。这很难做到,但并非不可能。即使在杀人、惩罚人
时,对仇敌我们也应该尽量像对自己一样,真心希望他不坏,
希望他在此世或彼岸可以改过自新,一句话,希望他好。这正
是圣经中说的爱他的意思:希望他好,而不是喜欢他,也不是
在他不好时硬说他好。

我承认,这意味着去爱那些毫不可爱之人。可是,你自己
难道又有何可爱之处吗?你爱自己,只是因为它是你自己。
上帝希望我们以同样的方式、出于同样的原因去爱所有的自
己,他以我们自己为例,为的就是让我们看到如何能够做到这
点。我们必须继续做下去,将这一准则应用于所有其他的自
己。如果我们记得他就是这样爱我们的,做起来可能会容易

一些。他爱我们不是因为我们有任何美好、迷人的品质（像我们自己认为的那样），只是因为我们是那些名为自己的东西。像我们这样沉湎于仇恨之中，放弃仇恨如同戒绝烟酒一样困难的造物，的确无其他可爱之处。

大　罪

现在我要谈基督教道德与一切其他道德差异最大的一个部分。有一种罪世上无人能够避免，每个人在别人身上看到这种罪都会憎恶，但是除基督徒外，几乎无人会想到自己也同样犯有这种罪。我听见有人承认自己脾气暴躁，一见到女孩子或酒就失去理智，甚至承认自己是懦夫，但是，我想我从未听见哪个非基督徒谴责自己犯有这种罪，同时也很少遇见哪个非基督徒对别人身上的这种罪表现出丝毫的宽容。没有哪一个缺点比这更不得人心，我们对自己的缺点没有哪一个比这更无所察觉。这种罪我们自己犯的越多，对别人犯的就越憎恶。

我说的这种罪就是骄傲或自负，基督教道德中与之相反的德性是谦卑。你可能还记得，我在谈性道德时曾提醒你，基督教道德的核心不在此。现在我们终于谈到了这个核心。按照基督教导师的教导，最根本的罪、最大的恶就是骄傲，与之相比，不贞、愤怒、贪婪、醉酒都是小罪。魔鬼因为骄傲才变成了魔鬼，骄傲导致一切其他的罪，是彻底与上帝为敌的一种心态。

你是不是认为我太夸张？如果是，请你仔细考虑一下。刚才我说一个人越骄傲，就越讨厌别人骄傲。实际上，如果你想弄清楚自己究竟骄傲到何种程度，最简易的一个办法就是问自己："别人对我冷眼相待、无视我的存在、干涉我的事务、摆出一副屈尊俯就的模样、在我面前炫耀时，我会怎样厌恶？"骄傲的问题在于每个人的骄傲都与别人的骄傲相争。因为我想在晚会上唱主角，所以才对别人唱了主角很生气，同行是冤家。现在你需要明白的是，骄傲从根本上是竞争性的，它生性喜欢竞争，而其他的恶，可以说，只是出于偶然才是竞争性的。骄傲不以拥有为乐，只以比旁边的人拥有更多为乐。我们说人们以富有、聪明、漂亮而骄傲，其实不是。他们以比别人更富有、更聪明、更漂亮而骄傲，别人若和他同样富有、聪明、漂亮，他就没有什么可骄傲的。使你骄傲的是那种比较，你以高于其他人为乐。竞争的因素一旦消失，骄傲也随之消失，所以我说，骄傲在根本上是竞争性的，其他的罪则不。两个男人同时爱上了一个女孩,性冲动也许会促使他们相互竞争,但这只是偶然,他们同样可能爱上不同的女孩。但是一个骄傲的人会夺走你的女孩,这不是因为他想得到她,而是因为他只想证明自己比你强。没有足够的东西可以分配,贪婪也许会促使人们相互竞争。但是骄傲的人,即使所得超出了一切可能的所需,他仍然要尽量多得,只为证明自己的权力。人们归结为贪婪或自私的一切罪,实际上几乎无不更由骄傲所致。以金钱为例。贪婪无疑使人为了更好的住宅、更舒适的假期、更美的饮食渴求金钱,但是这种渴求到了一定的程度便会中止。是什么促使一个年收入一万英镑的人渴望得到两万英镑?不是贪图快乐,一万英镑足以让任何人享受一切他能够实际享受的奢侈生活。促使这种渴望的是骄傲,是那种想比某个富人更富有的愿望,(尤其)是拥有权力的愿望,权力才是骄傲真正喜欢的东西。能够像摆布玩具兵那样摆布别人,没有什么比这更让人自觉高人一等的了。是什么让一个漂亮的女孩每到一处都招蜂引蝶、散布苦恼?当然不是性冲动,这种女孩大部分都是性冷淡,促使她这样做的是骄傲。是什么让一个政客或整个国家无止尽地索求?还是骄傲。骄傲天生就是竞争性的,所以它没有止尽。我若是一个骄傲的人,全世界只要有一个人比我更有权力、更富有、更聪明,他就是我的对手和敌人。

基督教说的对,自创世以来,骄傲一直就是每个民族和家庭的苦难的主要根源。其他的罪有时或许还能让人团结,在酒鬼或色鬼之间你可能会看到友谊、结伴和玩笑。但是骄傲始终意味着敌对,骄傲就是敌对,不仅是人与人之间的敌对,还是人与上帝之间的敌对。

在上帝那里,你遇到一个在各方面都比你无限优越的东西,你若不这样看待上帝,因而相比之下觉得自己一无是处,你就根本没有认识上帝。你只要骄傲就不能认识上帝。骄傲的人总是看不起他人,看不起一切。当然,只要你眼睛往下,你就不可能看到在你之上的东西。

这就带来了一个可怕的问题。那些明显为骄傲吞噬的人怎么能够说自己相信上帝,而且自认为极其虔诚呢?这恐怕说明他们崇拜的只是一位假想的上帝。在这位假想的上帝面前,他们理论上承认自己一无是处,实际上一直在想象着上帝如何赞赏自己,认为自己远远超出了一般人。也就是说,他们向上帝付出一便士假想的谦卑,却从中获得一镑在同类面前的骄傲。我想,当基督说有些奉他的名传道、奉他的名赶鬼的人,在末世他要对他们说"我从来不认识你们"时,[1]他指的就是这些人。人人都可能随时踏入这个死亡的陷阱。幸运的

<hr />

① 参见《马太福音》7:22-23。——译注

是,我们有一个检测的方法:无论何时我们发现自己的宗教生活让我们自认为很好,最重要的是,比别人更好,我想我们就可以确信是魔鬼,而不是上帝正在我们身上做工。真正检测自己是否站在上帝面前的标准是:全然忘却自己,或视自己为渺小、龌龊之物。不再认为自己更好。

万恶之首能够潜入我们宗教生活的核心,这真是一件可怕的事,其中的原因不难理解。其他稍轻的罪都是魔鬼利用我们动物的本性工作的结果,但是,骄傲利用的绝不是我们动物的本性,骄傲直接来自地狱,是纯粹精神上的罪,因而更狡猾、更致命。正因为如此,骄傲才常被用来制伏那些较简单的罪。实际上,老师常常利用孩子的骄傲(他们称之为自尊)让他行为规矩,人克服懦弱、贪欲、坏脾气,是因为他们学会了视这些缺点为有失自己的尊严,即他们通过骄傲来克服了这些缺点。魔鬼笑了。只要能在你的心中始终树立骄傲的独裁统治,他很乐意看到你变得贞洁、勇敢和节制,就像如果你允许他让你患上癌症,他很乐意看到你的冻疮痊愈一样。骄傲是癌症,它吞噬了人去爱、知足、甚至具备常识的可能性。

在结束这个话题之前,我必须提醒读者注意几种可能产生的误解:

(1)因为受到赞扬而快乐不是骄傲。孩子因作业完成得好受到夸奖,女人因美貌受到爱人的赞扬,得救的灵魂被基督夸为"好"时,都感到快乐,也应当快乐,因为这种快乐不在于你本身如何,而在于你取悦了一个你想取悦(也理应取悦)的人。但是,一旦你从"我让他高兴了,这很好"这种想法转为"我做到了这点,可见我多棒!"时,问题就来了。你越沾沾自喜就越不在乎赞扬,变得越来越糟。当你只为自己感到喜悦,根本不在乎赞扬时,你就糟糕到了极点。所以我们说,虽然虚荣是最明显的一种骄傲,它实际上是最轻微、最可原谅的骄傲。虚荣的人过于渴望赞扬、掌声、钦佩,总是千方百计想得到这些。虚荣是一种缺点,但它是幼稚的缺点,甚至(从一种奇怪的角度来说)表现了人的谦卑。它表明你还没有完全满足于孤芳自赏,还很看重别人,希望他们注意到你,你还可以算作是人。当你到了看不起别人、不在意他们对你的看法时,那才是真正如魔鬼般邪恶的骄傲。当然,如果我们出于正当的原因,即如果我们认为上帝的看法要比人的看法重要无数倍时,不在意别人的看法是对的,我们还常常有义务这样做。但是,骄傲的人不在意别人的看法却出于另外的原因。他说:"我为什么要在意那些贱民的掌声,仿佛他们的意见真有价值似的?即使有价值,我是那种像初次参加舞会的黄毛丫头那样听到一句赞扬就兴奋得脸红的人吗?不,我是一个成熟稳重的人,我所做的一切都是为了实现自己的理想,对得起自己高尚的良心,弘扬家族的传统,一句话,是因为我就是'那种人'。那班贱民们如果喜欢，那就让他们喜欢去吧，我才不在乎他们。"通过这种方式，真正彻底的骄傲也许可以起到遏制虚荣心的作用，因为如前所说，魔鬼喜欢"改正"你的小缺点，换给你一个大缺点。我们应当努力克服虚荣心，但是千万不要引进骄傲来克服它。

（2）在英语中，我们说一个人为他的儿子或父亲、学校、军团"骄傲"，有人可能要问：这种意义上的"骄傲"是不是罪？我认为这取决于"骄傲"这个词的真实含义。在这类的句子中，"骄傲"指的往往是"真心地仰慕"，这种仰慕当然绝不是罪。但是，"骄傲"也可能指这个人因为自己有一个显赫的父亲，或因为自己身为一个著名军团的成员而趾高气扬，这显然是缺点，但即便这种骄傲也胜于单纯地为自己骄傲。虽然我们对上帝的爱和仰慕若不超出其他的事物，我们便称不上为好，但是，爱、仰慕自己以外的东西是远离彻底的精神毁灭的第一步。

（3）我们千万不要认为，上帝因为自己对骄傲反感才禁止我们骄傲，上帝要求我们谦卑是因为这样才能体现他的尊严，仿佛上帝自己骄傲似的。上帝根本不用为自己的尊严担忧。上帝禁止骄傲，是因为他希望你认识他，希望将自己给你。上帝与你处于这样一种关系之中：只要你真正与他发生一点关联，你就会变得谦卑，快乐地谦卑，你会彻底抛开维护自己尊严的那一套愚蠢鬼话（这套鬼话让你一辈子焦躁不安、郁郁寡欢），感到无限轻松。上帝竭力让你谦卑是为了使这一刻成为可能。我们所有人都给自己套上了一大堆丑陋傻气的化装服，穿着它像小丑一样高视阔步，上帝竭力想帮助我们脱掉它。我真希望自己多一点谦卑，那样，也许我就可以多给你们谈谈脱下化装服、摆脱虚假的自我以及"瞧我"、"我不是很棒吗"这类的装腔作势之后的轻松舒适。即使只接近谦卑片刻，那感觉也如同荒漠中的人饮到了清凉的甘泉。

（4）如果你遇到一个真正谦卑的人，不要以为他就是今天大多数人所谓的谦卑的模样——一脸谄媚、满口恭维、不停地表白自己一无是处。他给你留下的全部印象很可能是：他似乎很聪明、很快乐，对你告诉他的一切都真心地感兴趣。你若不喜欢他，那是因为你对任何一个似乎如此轻松地享受生活的人都怀有一丝嫉妒。他不考虑谦卑，也根本不考虑自己。

若有人想做到谦卑，我想我可以告诉他怎样迈出第一步：他首先应当意识到自己的骄傲。这也是相当大的一步，因为至少在迈出这一步之前，人什么都做不了。你若认为自己不自负，这恰恰说明你实际上非常自负。

爱

我在前面讲到有四种"基本"德性、三种"神学"德性，这三种神学德性是信、望、爱（charity）。我将在本章最后两节谈信，在"宽恕"那一节我已经谈到了一部分爱，但那时谈的主要是被称为宽恕的那部分爱，现在我想再补充一点。

首先，关于"爱"这个词的意思。"爱"（charity）这个词现在的意思仅仅相当于过去所谓的"施舍"，即周济穷人，这个词原来的意思要广泛得多。（你可以看到这个词的现代意义是怎么演变来的。如果一个人有"爱"[charity]，周济穷人是最显而易见的一桩善举，于是逐渐地人们就把它当成好像是"爱"的全部含义。同样，"押韵"是诗歌最明显的特色，于是逐渐地"诗歌"这个词就只表示押韵，不再表示其他含义。）"爱"

(charity)指的是"基督教意义上的爱"。这种意义上的爱不是指感情，不表示情感状态，而表示一种意愿状态，即我们天生对自己怀有，也必须学会对别人怀有的那种意愿。

我在讲"宽恕"那一节中指出，我们爱自己并不等于喜欢自己，爱自己的意思是希望自己好。同样，基督教所讲的对邻人的爱（或称圣爱）不同于喜欢或喜爱。我们"喜欢"有些人，不喜欢另一些人，这种自然的喜不喜欢既不是罪也不是美德，正如你喜不喜欢食物谈不上是罪还是美德一样。明白这点很重要。自然的喜欢只是一个事实，但是如何对待它却有罪、德之分。

自然的喜欢或喜爱使我们更容易"爱"那些我们喜欢的人，因此，我们通常有责任培养自己对别人的喜爱，尽可能地去"喜爱"别人（就像我们往往有责任培养自己对运动和健康食品的喜欢一样）。其原因不在于这种喜欢本身是爱的德性，而在于它有助于产生这种德性。另一方面，我们也必须时常高度警惕，以防对一个人的喜欢造成了对另一个人的不公平或缺乏爱心。在有些情况下，对一个人的喜欢甚至会与对他的爱发生冲突。例如，一位溺爱的母亲在自然的喜爱的驱动下可能会"宠坏"孩子，也就是说，为了满足自己喜爱的冲动，她牺牲了孩子未来真正的幸福。

虽然我们通常应该培养自然的喜欢，但是，若以为坐在那里努力制造喜爱的情感就可以变得有爱心,那就大错特错了。有些人生性"冷漠",这对于他们来说也许不幸,但不是罪,正如消化不良不是罪一样。它既不能剥夺他们学习爱人的机会,也不能免除他们学习爱人的责任。爱的法则对我们来说非常简单,那就是,不要浪费时间去想自己是否"爱"邻人,只管去行动,仿佛自己真的"爱"邻人似的。一旦这样做,我们就会发现一个伟大的秘密:仿佛带着一颗爱心去行动,你很快就会爱上这个人;伤害一个你讨厌的人,你会发现自己越发讨厌他;以善报恶,你会发现自己不那么讨厌他。有一点确实例外。如果你以善报恶不是为了取悦上帝、遵守爱的律法,而是为了向他表明你多么宽宏大量,让他欠下你的人情,然后坐等他的"感激",你很可能会失望。(人都不是傻瓜,是炫耀还是惠顾,他们一眼就能看出。)但是,无论何时我们向另一个自我行善,不为别的,只因为它是另一个自我,(像我们一样)由上帝所造,我们希望它获得属于自己的幸福,就像希望我们自己幸福一样,那时,我们就已经学会多爱它一点,至少少讨厌它一点了。

因此,基督徒的爱在那些满心多愁善感的人听来虽然有点冷冰冰,与感情有很大的区别,但是它能产生感情。基督徒与世俗之人的区别不在于世俗之人只有感情或"喜爱",基督徒只有"圣爱"。世俗之人对有些人友好是因为他"喜爱"他们,基督徒在努力对每个人友好时发现自己在这个过程中喜爱越来越多的人,包括那些他起初压根没有想到自己会喜爱的人。

这条精神法则在反方向产生了可怕的作用。德国人起初虐待犹太人也许是因为恨他们;后来因为虐待,恨之愈甚。人越残忍,恨得就越甚,恨得越甚,就越残忍,以致永远处在恶性循环当中。

善和恶都按复利增长,所以,你我每天所作的小小的决定都有着不可估量的重要性。今天极小的一桩善举就让你占领了一个战略要点,几个月后你可能就从这里开始,继续走向未曾梦想到的胜利。今天对贪欲、愤怒看似微不足道的放纵,就让你失去了一座山岭、一条铁路、一座桥头,敌人可能就从那里发动进攻。倘若没有这些放纵,敌人绝对无机可趁。

有些作家不仅用圣爱这个词来描述人与人之间基督式的爱,还用它来描述上帝对人以及人对上帝的爱。后者常常令人们感到焦虑,因为他们知道自己应该爱上帝,可是在自己身上又找不到一点这类的感情。怎么办?答案和前面说过的一样:只管去行动,仿佛自己真的爱上帝。不要坐在那里拼命去制造感情,而要问自己:"如果我相信自己真的爱上帝,我会怎么做?"找到答案之后就去行动。

总的来说,我们对上帝爱人的认识比对人爱上帝的认识要多得多。没有人能够始终保持敬虔的感情，即使能够，感情也不是上帝最看重的东西。无论对上帝还是对人，基督徒的爱都关系到意愿。努力按照上帝的旨意去行，我们就在遵守这条诫命——"你要爱耶和华你的上帝"。[①] 上帝如果愿意，他会赐给我们爱的感情，这种感情我们无法为自己创造，也不能作为一项权利来要求。但是有一件重要的事情需要记住，那就是，我们的感情可以瞬息即逝，上帝对我们的爱却不会。它不会因为我们的罪、我们的冷漠而减少，它认定，不管我们需要付出怎样的代价，也不管上帝自己需要付出怎样的代价，它都一定要除去我们的罪。

---

① 参见《申命记》11:1。——译注

望

"望"是神学三德之一，这说明对永恒世界持续不断的盼望不是(像一些现代人所认为的)逃避，也不是一厢情愿，而是基督徒当做的事情之一。这并不意味着我们对这个世界听之任之。读一读历史你就会发现，那些对这个世界贡献最大的基督徒恰恰是那些最关注来世的基督徒。决心让罗马帝国皈依基督教的使徒们、建立起中世纪文明的那些伟人、废除奴隶贸易的英国低教会派信徒，他们之所以对这个世界产生了影响，正是因为他们一心专注天国。自大部分基督徒不再关注彼岸世界之后，基督徒对此岸世界的作用才大大地减少。旨在天国，尘世就会被"附带赠送"给你，旨在尘世，两样都会一无所得。这条规律看起来好像很奇怪，但在其他事情上我们也可以见到类似的情形。拥有健康是巨大的福分，但一旦将健康作为自己直接追求的主要目标，你就开始变成一个怪人，总怀疑自己患了什么病。只有将重心转移到其他事情，如食物、运动、工作、娱乐、空气上，你才有可能获得健康。同样，只要我们将文明作为主要的目标，我们就永远挽救不了文明。我们必须学会对其他事物有更多的渴望。

　　大多数人发现，去"天堂"除了意味着能与去世的朋友重逢之外，其他方面很难令他们渴望。很难的一个原因在于我们没有接受过这方面的训练，我们整个的教育都倾向于让我们将注意力集中于此世。另外一个原因是，当我们心中出现对天堂的真正渴望时，我们不能辨认出这种渴望。大多数人，他们若真正学会省察内心，就知道自己渴望、强烈地渴望某个在此世不能拥有的东西。这个世界有各种各样的事物主动要将自己给你，但是从未兑现。我们第一次恋爱、第一次想到某个异国他乡、第一次选读一门令自己心驰神往的课程时的那份渴望，婚姻、旅行、学习都无法真正满足。我指的不是通常人们所说的失败的婚姻、假期、学习生涯，我指的是理想的婚姻、假期、学习生涯，我们在最初渴望之时捕捉到的某个东西在现实中消逝了。我想大家都明白我的意思，妻子可能是好妻子，宾馆、风景可能无可挑剔，从事化工可能是一份很有趣的工作，但是我们总感觉缺了点什么。针对这一事实，出现了两种错误的生活方式、一种正确的生活方式。

（1）愚人的方式。愚蠢的人将一切归咎于事物本身，一辈子都自始至终认为，只要他另找一位女人、度一次更豪华的假期，他就能真正捕捉到大家共同追求的那个神秘的东西。世界上大多数对生活感到腻味不满的有钱人都属这种，他们终其一生都（通过离婚法庭）不断从一个女人转向另一个女人，从一片大陆辗转到另一片大陆，从一种嗜好转向另一种嗜好，总是认为最新的东西终于就是"那真实的东西"，但总是以失望告终。

（2）大彻大悟的"聪明人"的方式。这种人很快就认定一切不过是空想，他说："当然喽，人年轻的时候都是这样想。但是等你到了我这把年纪，你就不再去追求那些可望而不可及的东西了。"所以，他就安定下来，学会不抱太多的期望，抑制自己过去（用他自己的话说）"癞蛤蟆想吃天鹅肉"的幻想。这种方式当然比第一种要好得多，它更让人感到幸福，也减少了给社会带来的麻烦。它往往让人变得自命不凡（认为自己超越了他所谓的年轻人），但是总的来说，他的日子过得还比较舒服。若没有永生，这便是人所能选择的最佳道路。可是，万一真有永久的幸福在那里等待着我们呢？万一人真的能得到那些原以为可望而不可及的东西呢？倘若如此，（在死后不久）我们发现，因为自己误以为真的"常识"，我们扼杀了自己享受永久幸福的能力,那就太晚、太遗憾了。

（3）基督徒的方式。基督徒说:"这些渴望若无从满足,造物就不会生来具有这些渴望。婴儿感到饥饿,就有食物这种东西存在;小鸭想游泳,就有水这种东西存在;人有性欲,就有性这种东西存在。我若发现自己心中的一个渴望此世万事万物都无法满足,最可能的解释是:我是为了另一个世界而造。尘世上没有一种快乐能满足这种渴望,并不证明宇宙是场骗局,尘世的快乐可能原本并不是要满足它,只是要激起这份渴望,暗示那个真实的东西。果真如此,一方面我必须小心,永远不要鄙视尘世的幸福,不存感恩之心;另一方面,永远不要将它们误当作那个真实的东西,它们不过是摹本、回声或影子。我一定要在心中永葆对真实的故乡的渴望（这个故乡只有在死后才能找到）,一定不要泯灭这份渴望或将它弃置一边,我生活的主要目的应该是不断地向那个故乡行进,并且帮助别人向它行进。"

有些爱开玩笑之人想让基督徒对"天国"的盼望显得荒谬,便说自己不希望"将永生都耗在弹琴上"。我们不必为这些人烦恼。对他们,我们的回答是:如果他们读不懂成人读物,就不要谈论这些读物。圣经上所有的比喻（琴、冠冕、金子等）当然都只是象征,是力图以此来表达不可表达之事。圣经上提到乐器,是因为对很多人（不是所有的人）来说,音乐在此世最能让人联想到狂喜和无限,冠冕让人联想到在永恒之中与上帝合一的人分享上帝的尊荣、能力和喜乐,金子让人联想到天国的永恒(因为金子不锈坏)和宝贵。那些从字面上理解这些象征的人倒不如认为,当基督教导我们要像鸽子时[1],他的意思是我们会下蛋。

---

① 参见《马太福音》10:16"所以你们要灵巧像蛇,驯良像鸽子。"——译注

信

在本节中我必须谈谈基督徒所说的"信"。大致说来,基督徒似乎在两种意义或两个层面上使用"信"这个词,下面我来逐一阐述。第一种意思只是指相信,即接受基督教教义,或认为这些教义是正确的。这很简单。令人困惑的是,至少过去令我困惑的是,基督徒把这种意义上的信心看成是一种美德。我以前常问:这种信心怎么可能成为美德?相信一套陈述有何道德与不道德之处?我常常说,一个正常的人是否接受一个陈述,原因显然不在于他是否愿意接受,而在于那些证据在他看来是否充分。如果他对证据是否充分判断有误,这不代表他是坏人,只能说明他不够聪明;如果他知道证据不充分,还极力强迫自己相信,那简直是愚蠢。

我想我现在仍然坚持这种观点。但是我当时不明白,许多人现在仍然不明白的是:我以为,人的头脑一旦视一件事为正确,它就会自动地继续视之为正确,直到确实有原因需要重新考虑为止。实际上,我以为人的思想完全由理性统治,但事实并非如此。例如,我有充分的证据让理性绝对相信,麻醉剂不会让我窒息,受过正规训练的外科医生只有等到我失去知觉后才会开始动手术。但是这不会改变这样的一个事实,那就是,当他们让我躺到手术台上,在我脸上蒙上可怕的面罩时,我的心中就开始产生一种纯粹幼稚的恐慌,开始想到自己马上就会窒息,担心自己还没有完全失去知觉医生就会开始手术。换句话说,我对麻醉剂失去了信心。让我丧失信心的不是理性,恰恰相反,我的信心建立在理性之上,让我丧失信心的乃是想象和情感。我的心中有两方在交战,一方是信心和理性,另一方是情感和想象。

　　仔细想想,你会发现很多这样的例子。一个男人由极其充分的证据知道,他认识的一位漂亮女郎爱撒谎,不能保密,不可以信任。但是和她在一起时,他就不再相信自己对女郎的这点认识,开始想:"这次她或许会不同吧。"于是再次做了傻瓜,把不该告诉她的事告诉了她,他的感觉和情感粉碎了他对自己明知为真的事情的相信。再拿小男孩学游泳为例。小男孩见过很多人浮水游泳,他的理性清楚地知道,人体在水中没有任何东西支撑也未必下沉。关键是，当教练松开手不扶他，让他独自在水中时，他是继续相信这点，还是突然之间不再相信，陷入恐慌之中，结果沉了下去。

对基督教的相信也是如此。一个人若经过最慎重的推理，得出结论说基督教信仰的证据不充分，我就请求他不要接受基督教，这里不存在信心的问题。但是，假如一个人的理性断定基督教信仰证据充分，我可以告诉他接下来的几周将会发生什么。在这几周中可能会出现这样的时刻——听到一则坏消息，或是遇到了麻烦，或是生活在众多不信基督教的人当中，这时他的情感会突然冒出来，对他的信仰发起一场闪电战。在这几周中也可能出现这样的时刻——他想要得到一个女人，或是想撒谎，或对自己感到非常满意，或看到一个用不太正当的手段赚点小钱的机会，实际上，也就是出现这样的时刻——基督教倘若不是真的，一切就非常方便，他可以毫无顾忌，这时各样的愿望和欲望会再次对他的信仰发起一场闪电战。我现在讲的不是有真正反对基督教的新理由出现的时刻，这样的时刻我们必须应对，但那是另外一回事，我现在讲的是单纯的情绪冒出来反对基督教的时刻。

"信"在我现在使用的意义上指的是一门艺术，它让人在变化的情绪下仍然坚持理性曾经接受的东西，因为不论理性采取何种立场，情绪都会发生变化。这是经验之谈。我现在是基督徒，但我有时确实会产生这样的情绪：整个的基督教在我看来极不可信。过去我是无神论者时，又有过这样的情绪：基督教在我看来极其可信。情绪总会对真实的自我进行反叛，这就是说明了为什么"信"是一种必不可少的美德。不告诉情绪"何时退场"，就永远不能成为一名坚定的基督徒，甚至不能成为一名坚定的无神论者，你只能是一只徘徊不定的动物，你的信仰实际上取决于天气和自己的消化状况。因此，人必须培养信心的习惯。

第一步，承认自己的情绪会发生变化这个事实。第二步，如果你已经接受了基督教，每天一定要有意识地在自己的脑海中重温基督教的主要教义。这就是为什么我们说，每日祷告、阅读宗教书籍、去教堂做礼拜是基督徒生活必不可少的几部分。对已经相信的东西我们需要不断地得到提醒，无论是基督教信仰还是其他的信仰都不会自动在我们的思想中存活下去，我们必须给它提供养料。实际上，考察一百个丧失基督教信仰的人，有多少是被真实的论据说服，放弃信仰的？大多数人岂不是随着岁月的流逝日渐丧失的吗？

现在我要转向"信"的第二层含义。这是我所谈的内容中最难的一部分，我想回到谦卑这个话题，从它入手谈这个部分。你可能还记得我说过，意识到自己的骄傲是迈向谦卑的第一步。现在我要说，下一步就是努力去实践基督徒的美德。

努力一个星期不够,第一个星期事情往往一帆风顺。努力六个星期,到那时,就你所见,自己已经彻底跌回到了起点,甚至比起点还低。那时,你就会发现自己的一些真相。一个人不努力去行善,就不知道自己有多坏。现在流行一种愚蠢的观点,即认为好人不懂得何为诱惑。这显然是一个谎言,只有那些努力抵制诱惑的人才知道诱惑的力量有多大。说到底,你是通过对敌作战而不是通过投降才知道德军的实力,是通过顶风而行而不是通过躺下才知道风力。一个五分钟后即向诱惑妥协的人当然不知道一小时后诱惑会变成怎样。这就是为什么从一种意义上说,坏人对坏知之甚少,因为他们一直靠妥协过着一种苟且偷安的生活。不努力与内心的恶念作斗争就不清楚它的力量。基督因为是唯一一位从未向诱惑妥协的人,所以也是唯一一位彻底明白诱惑的含义的人,是唯一一位彻底的现实主义者。好,我们从努力实践基督徒的美德中得知的重要一点就是我们失败了。若有谁认为上帝是在让我们考试,考好了就可以取得好成绩,这种观念必须摒弃;若有谁认为这是一种交易,我们履行了合同中自己这方的义务就可以要挟上帝,使他纯粹为了公平起见履行他那一方的义务,这种观念必须清除。

我想,每一个对上帝有着朦胧的信仰、尚未成为基督徒的人,头脑中都存在考试或交易的观念。真正信仰基督教的第一个结果就是粉碎这种观念。有些人在发现这种观念遭到粉碎时就认为基督教是假的，放弃了信仰，在他们看来上帝的头脑太简单。实际上，上帝当然知道这一切。粉碎这种观念正是基督教注定要做的事情之一，上帝一直在等待这个时刻。在这一刻，你发现不存在考试及格或要挟上帝的问题。

随之而来的是另外一种发现，你发现自己的一切能力——思考的能力、自由活动四肢的能力——都是上帝赋予的。即使你将整个生命的每一时刻都用于侍奉上帝，你也不可能给予上帝任何额外的东西，在某种意义上说，一切都已经属于上帝。所以，当我们说一个人为上帝做了什么或给了上帝什么时，我告诉你，这就像一个孩子走到父亲那里，对他说："爸爸，给我六便士，我要给你买份生日礼物。"父亲当然会答应他，也会为孩子送他的礼物感到高兴。这很好，很合情合理，但唯有傻瓜才认为父亲在这桩交易中净赚了六便士。一个人有了这两点发现之后，上帝才能真正开始工作，真正的生命才开始，此时人苏醒了。接下来我们可以谈信的第二种含义。

信

我想先声明一点，希望大家认真注意，这一节如果对你没有任何意义，想要回答的问题你似乎从未问过，请你不要阅读。基督教中有些东西，你不做基督徒，仅从外界就可以理解，但也有很多东西，只有等你在基督教这条道路上前行了一定的路程之后才能够理解。这些东西都是纯实际的，虽然从表面看不是。它们告诉你，在旅程中遇到特定的十字路口和障碍时应该怎么办，一个人不到达这些地方，这些指点对他没有任何意义。无论何时你在基督教著作中发现了一句自己不能理解的话，不要担心，将它放到一边，将来有一天，也许几年之后，你会突然明白它的意思。你若现在就明白，可能只会对你有害。

当然，这番话对我与对别人同样不利。我在本节中极力想解释的事情也许超出了我的能力，我可能实际尚未到达那个地方，却以为自己已经到达。我只能请求训练有素的基督徒留心察看，在我出错的时候给我指出来，请求其他人对我所说的抱半信半疑的态度。这是我个人的一点奉献，我将自己的看法奉献出来，不是因为我确信自己正确，而是因为它也许可以给你一点帮助。

我现在想谈第二层意义，亦即更高意义上的"信"。我前面说过，讨论这层意义上的"信"的前提是：人努力去实践基督徒的美德，结果发现自己失败了，明白了即使他能够给予上帝一点什么，那也不过是将原本属于上帝的东西归还给了上帝。换句话说，人发现自己破产了。这里我们再次看到，上帝注重的实际上不是我们的行为，他注重的是我们应当成为一种特定的造物，具有特定的性质，即成为他原本预定我们的模样，以特定的方式与他关连。我没有加上"以特定的方式与彼此关连"这句话，因为它已经包括在其中。你若与上帝的关系妥当，与其他人的关系也必定妥当，就像车轮的轮辐，所有的轮辐若都妥当地安装到轮毂和轮辋上，它们彼此之间的位置也必定妥当。只要一个人仍把上帝视为考官或交易的对象，也就是说，只要他仍在考虑自己和上帝之间的要求与反要求，他就还没有与上帝建立妥当的关系。他对自己是谁、上帝是谁

166

认识有误。只有等到他发现自己原来一无所有之后，他才会与上帝建立妥当的关系。

当我说"发现"时，我指的是真正地发现，不是像鹦鹉学舌似地说说而已。当然，任何一个孩子，只要接受了一点宗教教育，就很快学会说：我们奉献给上帝的一切原本都属于上帝，我们发现，即使是原本属于上帝的东西，我们也不能毫不保留地奉献出去。但是，我现在说的是真正发现这点，由经验真正明白这句话的正确性。

我们只有尽了最大的努力（然后失败了），才能在以上意义上发现自己无法遵守上帝的律法。不真正努力，无论说什么，我们的思想深处总会有这种想法：下次再努力一些，准保尽善尽美。所以在某种意义上说，回归上帝的道路是一条道德上不断努力的道路。但是在另一种意义上说，努力永远不能带我们回天家。所有这些努力最终只会导致这样一个关键时刻，在这一刻，你转向上帝，说："这必须由你来做，我做不了。"请不要问自己："我已经到达那一刻了吗？"不要坐下来苦思冥想这一刻是否即将到来，这会让你误入歧途。当生命中最重大的事情发生时，我们当时往往不明白其中的究竟。一个人不会不停地对自己说："喂！我在长大。"往往只有在回首往事时，他才意识到所发生的事，承认那就是人们所说的"长大"。我们从简单的事情中也能明白这点。一个人越焦急地关注自己是否会入睡，越有可能处于高度清醒的状态。同样，我眼下所说的可能也不会闪电般地突然发生在每个人身上，像发生在圣保罗和班扬身上那样。这一刻的到来可能会很缓慢，永远没有人能够指出具体的时辰，甚至具体的年份。真正重要的不是变化发生时我们的感受，而是这种变化自身的性质，我们从相信自己的努力转变到对自己的一切努力感到绝望，从而将一切交托给上帝。

我知道"交托给上帝"这句话可能会引起误解，但是目前我们还只能这样说。对基督徒而言，交托给上帝意味着彻底信靠基督，相信基督会以某种方式让他也具有那种完美的人的顺服（基督从出生到受难一生都体现了那种顺服），相信基督会使他更像基督自己，在某种意义上说，变他的缺点为优点。用基督教的语言来说，基督要与我们分享他"儿子的名分"，让我们和他一样成为"上帝的儿子"。在第四部分我会尝试进一步分析这些词的意思。如果你愿意，你也可以这样说：基督给予却不索取，他甚至给予一切而一无所得。在某种意义上说，基督徒的整个生命就在于接受这份丰富的馈赠。可是，要认识到自己已做的和能做的一切都算不了什么却很困难，我们更愿意上帝数算我们的好处、不计较我们的坏处。在某种意义上你还可以说，只有等我们不再努力去战胜诱惑，即承认失败时，我们才战胜了诱惑。但是，你不尽自己最大的努力,就不能以正确的方式、没有正当的理由"停止努力"。在另外一种意义上说,将一切交给基督当然不意味着你停止努力,信靠他一定意味着照他吩咐的一切去做。信任一个人却不听从他的劝告,是不可思议的。因此,你若真正把自己交给了基督,就必定会努力遵从他。但是,这种努力是以一种新的方式,以一种不那么忧虑的方式进行的。你做这些事不是为了得救,而是因为基督已经开始拯救你。你不是要以自己的行动换取进入天堂,而是不由自主地以特定的方式去行动,因为天堂最初一缕依稀的曙光已经照到了你里面。

基督徒常常辩论这个问题:引导基督徒回天家的究竟是善行还是相信基督?对这样的难题我确实无权发表意见,但在我看来,问这个问题等于问一把剪刀的哪一片最必不可少。唯有道德上的认真努力才会让你认识到自己的失败,唯有相信基督才会让你在认识到自己的失败时不至绝望,相信基督就必定会有善行。有两种假冒的真理,一些基督教徒曾指责不同的教派相信它们,这两种假冒的真理或许能帮助我们更清楚地认识真正的真理。据称,有一派基督徒说:"唯有善行才是最重要的,最美的善行是慈善活动,最佳的慈善活动是捐钱,捐钱的最佳去处是教会。所以,交给我们一万英镑,我们就帮你脱离苦难。"当然,对这种鬼话我们的回答是:抱着这种目的,认为花钱就可以进入天堂,这样的善行根本不是善行,只是商业投机。据称,另一派基督徒说:"唯有信心才是最重要的,所以,只要有信心,干什么都无妨。继续犯罪吧,小伙子,好好享受,基督会保证最终一切都不会对你造成任何影响。"对这种鬼话我们的回答是:你若说自己相信基督,却毫不在意他的教导,那就根本不是相信。你没有相信基督、信靠基督,只是理性上接受了一种有关基督的理论。

圣经出人意料地将信心和善行放在一个句子中,好像确实解决了这个问题。这个句子的前半部分是:"就当恐惧战兢,作成你们得救的工夫",[1]看上去好像一切都取决于我们和我们的善行。但是,后半部分接着说:"因为你们立志行事,都是神在你们心里运行",[2]看上去好像一切都由上帝来做,我们无能为力。我们在基督教中碰到的可能就是这种情形。我对此虽有些不解,但并不感到惊讶。瞧,我们现在极力想弄明白的是:上帝和人在一同工作时,上帝做些什么,人又做些什么。我们极力想把二者区分开来,使二者分属不同的领域,互不相干。当然,我们一开始就认为这像两个人合作,你可以说:"他干了这点,我干了那点。"但是这种观点行不通,因为上帝不是那样,他既在你之外又在你之内。即使我们能弄明白

① 参见《腓立比书》2:12。——译注
② 参见《腓立比书》2:13。——译注

谁做了什么，我想人类语言也无法恰当地表达。在试图将它表达出来时，不同教派的说法可能不一。但是你会发现，即使那些极力强调善行的人也会告诉你：你需要信心；即使那些极力强调信心的人也会告诉你：要去行善。无论如何，我能告诉你的就是这些。

如果我说，基督教虽然乍一看讲的全是道德、责任、律令、罪责及德性，它会引导你继续向前，超越这一切，进入一个更高的境界，我想所有的基督徒都会赞同。在那个境界，我们瞥见了一个国度，其间的人们不谈论这些东西，也许只拿它们开开玩笑。在那里，每个人都充满着我们所说的善，如同镜子充满亮光。但他们不称之为善，不给它冠以任何名称，也不考虑它，他们都忙于观看它的源头。在这里，信仰之路已差不多越出了我们这个世界的范围，在这个范围之外没有谁能看得更远。当然，有很多人看得比我要远。

第四章

超越人格——三位一体教义初阶

造与生

大家都告诫我不要谈本书最后一部分的内容，他们说："普通的读者不想要神学，给他讲点浅显易懂的、实际的宗教。"我没有采纳他们的建议，我认为普通的读者不是这样的傻瓜。神学指的是"关于上帝的科学"，我想，凡愿意思考上帝的人都希望尽可能获得对他最清楚、最正确的认识。你们不是孩子，为什么要把你们当作孩子看待？

从某种程度上说，我很能理解为什么有些人对神学感到厌恶。我记得有一次对英国皇家空军发表演讲，一位久经沙场的老军官站起来说："你讲的那一套于我无益。告诉你，我也是有宗教信仰的人，我知道有上帝，夜晚我独自一人在空旷的沙漠时曾感受到上帝的存在，体验到那种巨大的神秘。所以，我不相信你那一套有关上帝的圆滑的教条和套话，凡曾与真实事物相遇的人，都会觉得你那一套太琐碎、太迂腐、太虚幻。"

在某种意义上说我很赞同他的观点。我想他在沙漠中可能真实地经历到了上帝，当他从那种经历转向基督教信条时，我认为他确实是从一个真实的事物转向了一个不那么真实的事物。同样，一个曾在海滩眺望大西洋的人，当他转而去看大西洋的地图时，他也是从一个真实的事物转向一个不那么真实的事物，从真正的海浪转向一小张彩色的纸。这里的关键是，地图虽然确实只是一张彩色的纸，但你要记住两点：首先，它是以成千上万曾在真正的大西洋上航行之人的发现为基础绘制而成的。从这个角度来说，它的背后蕴藏着群体的经验，这些经验和你从海滩眺望大西洋一样真实。唯一不同的是，你的经验只是个人的一瞥，而地图却是各种各样经验的汇集。其次，无论你去哪里，地图都必不可少。如果你只满足于在沙滩漫步，眺望大海比看地图要有趣得多，但是，如果你想到达美国，地图会比沙滩漫步更有用处。

神学就像地图。单纯地学习、思考基督教教义，停留于此，是不及那位朋友在沙漠中的经验真实、激动人心，教义不是上帝，只是一种地图。但那张地图以成千上万确实与上帝神交之人的经验为基础，与这些经验相比，你我独自可能感受到的激动和虔诚就显得非常地零碎、幼稚。此外,如果你想进一步深入,就必须使用这张地图。那位老兵在沙漠中的经历也许是真实的,确实激动人心,但是不能产生任何结果、得出任何结论、提炼出任何东西。实际上,在自然中感受上帝这类的含糊的宗教信仰之所以有如此巨大的魅力,原因即在此。像从海滩上眺望海浪一样,它给人带来的只是激动,没有任何行动。但是,那样研究大西洋,你永远不会到达纽芬兰,只从花朵或音乐中感受上帝的存在,你无法获得永生。只看地图不去航行,你哪里也去不了,而航行不带地图也很不安全。

换句话说,神学很实际,尤其在今天这个时代。过去,接受教育的人少,讨论也少,一个人对上帝有一点简单的认识可能就够了。但是今天不同,人人都读书,人人都听到各种各样的讨论。因此,不听神学不代表你对上帝没有任何认识,它意味着你对上帝有很多错误的认识,这些认识过时、混乱不堪。很多今天自以为标新立异、四处炫耀的上帝观实际上几个世纪前就已经被真正的神学家考证弃绝,信奉现今英国流行的那种宗教如同相信地球是平的,是一种思想上的倒退。

因为你若认真思考就会发现,这种流行的基督教观念不就是:耶稣基督是一位伟大的道德导师,只要接受他的教导,我们就可以建立更好的社会秩序,避免下一次战争吗?告诉你,这很对,但它远远没有告诉你基督教的全部真理,也没有任何实际意义。

诚然，我们若接受了基督的教导，就会很快生活在一个更加幸福的世界。我们甚至无需求助于基督，按照柏拉图、亚里士多德或孔子教导的去做，生活就可以比现在大有提高。实际情况如何？我们从未接受这些伟大导师的教导。凭什么现在就可能接受？凭什么更有可能接受基督的教导，而非其他人的教导？因为他是最伟大的道德导师吗？那只会让我们更不可能接受他，因为倘若连初级的课程都无法学习，我们会去学习最高级的课程吗？如果基督教只是另外一则教导，它就毫无意义，在过去的四千年中我们从未缺乏好的教导，再多一则也不会产生任何区别。

但是，只要你阅读真正基督教的著作，你就会发现，它们谈论的与这种流行的宗教截然不同。它们说基督是上帝的儿子，相信基督的人也能够成为上帝的儿子，他的死救我们脱离了罪恶（当然，这些话有多种含义）。

抱怨这些话难以理解毫无用处。基督教宣称它告诉我们的是另外一个世界，是在我们能够看见、能够听到、能够触摸的世界背后的某种东西。你可以认为这种宣称是错误的，但是，假如它是对的，它告诉我们的就必定难以理解，至少像现代物理学一样难以理解，难以理解的原因也是同样的。

基督教最让人震惊的是，它说通过与基督相连，我们可以

"成为上帝的儿子"。有人会问："我们不是已经是上帝的儿子了吗？上帝是我们的父亲，这不是基督教的主要观点之一吗？"在某种意义上说，我们确实已经是上帝的儿子。我的意思是：上帝创造了我们，爱我们，照管着我们，从这个角度说他像一位父亲。但是，当圣经说我们"成为"上帝的儿子时，它显然指的是另外一个意思。这就将我们引到了神学的核心之处。

基督教的一个信经①说基督是上帝的儿子，"受生，而非被造"（begotton，not created），又说他"在万世之前为父所生"。要知道，这与基督降世为人、为童贞女所生没有任何关系。我们现在考虑的不是童贞女怀孕生子，而是在自然被造及时间开始之前发生的事。基督"在万世之前"受生而非被造，这是什么意思？

在现代英语中，我们不大用 begetting② 和 begotten③ 这两个词，但是大家仍然知道它们的意思。"生"谁就是做谁的父亲，"造"指的是创造。它们的区别在于：所生的与你同属一类，人生出人类的婴儿，海狸生出小海狸，鸟生蛋，孵出小鸟；所造的与你不属一类，鸟筑巢，海狸造堤，人生产无线电收音

① 指《尼西亚信经》。——译注
② 意思是"生"。——译注
③ 意思是"受生"。——译注

机。人也可能造出比收音机更像自己的东西，如，塑像，他若是位聪明的雕塑家，雕出来的塑像还可能栩栩如生。但雕像绝不是真人，只是看上去像真人而已，不能呼吸，不会思考，没有生命。

这是我们要明白的第一点：上帝生下的是上帝，正如人生下的是人；上帝创造的不是上帝，正如人创造的不是人。所以，人是上帝的儿子与基督是上帝的儿子意义是不一样的。人可能在某些方面与上帝相似，但与上帝不属一类，人更像是上帝的塑像或照片。

塑像具有人的形状，但是没有生命。同样，人具有上帝的"形状"，或者说与上帝相似（我会在后面解释这层含义），但是没有上帝那种生命。我们先来看第一点，即人与上帝的相似。上帝创造的每一样东西都与他有某种相似。空间无限，与上帝相似，但是这种无限与上帝不属一类，只是上帝的无限的一种象征，或是上帝的无限在非灵性世界的翻版。物质具有能量，与上帝相似，当然，物质的能量与上帝的能量也不属一类。植物界有生命，与上帝相似，因为上帝是"永生之神"，但是，植物所具有的生物性的生命不同于上帝之中的生命，只是上帝的生命的一种象征或影子。进一步来看动物。我们发现，除生物性的生命外，动物与上帝还有其他的相似。例如，从昆虫高度的活跃和繁殖中，我们隐约看到上帝不息的活动和创造力。在高级哺乳动物中，我们看到本能之爱的萌芽，这种爱与上帝的爱虽然不属一类，但与上帝的爱相似，就像风景画虽然画在一张平铺的纸上，但仍然像真正的风景一样。从人这种最高级的动物那里，我们看到了人类所知的最完全的相似（在其他世界，也许有些造物比人更像上帝，但我们不知道他们）：人不仅有生命，还有爱和理性，生物性的生命在人之中达到了已知的最高阶段。

但是，人在自然状态下不能获得的是灵性的生命——在上帝之中存在的那种更高级的、异样的生命。我们将生物性的生命与灵性的生命统称为生命，但是你若因此认为两者同属一类，那就错了，如同你认为空间的"无限"与上帝的"无限"同属一类是错误的一样。实际上，生物性的生命与灵性的生命之间的区别非常重要，我要赋予它们以不同的名称。生物性的生命来自自然，（像自然中的一切其他事物一样）总是不断地趋向枯竭衰亡，只能通过从自然中不断地汲取空气、水、食物等来维持，这种生命我称之为 Bios。上帝之中的灵性的生命自亘古就存在，创造了整个自然宇宙，这种生命我称之Zoe。Bios 与 Zoe 无疑有一定的相似，但这种相似是影子或象征，只是照片与实地、塑像与真人之间的相似。人从具有Bios 变化到具有 Zoe，就如同塑像由一块雕琢的石头变成一个真实的人。

这正是基督教传扬的信息。这个世界是一个伟大的雕塑家的工作室，我们是那些塑像，在这里有传言说，有些塑像将来有一天要变成活人。

三位一体的上帝

  上一节谈到生与造的区别，人生出的是孩子，造出的只是塑像，上帝生出的是基督，创造的只是人。以这种方式，我只说明了上帝的一点，即天父上帝所生的是上帝，所生的与他同属一类。从这个角度来说，这与人类的父亲生下同样是人的儿子相似。但是这两者并不完全相似，所以，我必须稍作进一步的解释。

  今天有很多人说："我相信上帝，但是不相信具有人格的上帝。"他们认为，位于其他一切事物背后的那个神秘的存在一定不只是一个人。这点基督徒完全赞同，但是唯有基督徒能够告诉你，一个超越人格的存在可能是什么样子。其他人虽然也都说上帝超越了人格，但是他们头脑中的上帝实际上是非人格的，即低于人。如果你寻找的是某个超人的存在，那就不是在基督教的观点与其他观点之间选择的问题，你能找到的只有基督教的观点。

还有些人认为，在此世或几世之后人的灵魂将"融入"上帝之中。在试图解释自己的意思时，他们似乎认为人融入上帝就是一种物质融入另一种物质，他们说这就如同一滴水落入大海（当然，那也就是那滴水的生命的终结）。我们的命运若是如此，融入上帝也就意味着不再存在。唯有基督徒知道，人的灵魂如何被带入上帝的生命之中，同时又保持自己的个性，实际上，比以前具有更强的个性。

大家知道，在空间上我们可以朝一个方向运动——左或右、前或后、上或下。任何一个方向都不外乎这其中的一种，或是它们之间的折衷，我们称这三个方向为三维。注意，利用一维，你只能画一条直线；利用二维，你可以画一个图形，如，正方形，正方形由四条直线组成。再进一步，如果有三维，你就可以搭起一个固体，如，立方体——一个类似骰子或方糖的东西，立方体由六个正方形组成。

你明白我的意思吗？一维的世界是一条直线；在二维世界，你仍然可以有直线，但多条直线可以构成一个图形；在三维世界，你仍然有图形，但多个图形可以构成一个立体。换句话说，当你深入到更真实、更复杂的层面时，你没有丢弃在简单的层面发现的东西,仍然保留着它们,只是以新的方式将它们结合起来,这些方式是你停留在简单的层面时无法想象的。

　　基督教对上帝的解释蕴含了同样的道理。人的层面是一个简单的层面,相当空洞。在人的层面上,一个人就是一个存在,两个人就是两个单独的存在,正如在二维空间中(如,在一张纸上),一个正方形是一个图形,两个正方形是两个单独的图形一样。在上帝的层面上,你仍然可以找到人格,但是在那里你发现,这些人格以新的方式结合在一起,我们因为不生活在那个层面,所以对此无法想象。可以说,在上帝的维度上,你发现这样一个存在,它具有三个位格,但仍是一个存在,正如一个立方体有六个正方形,但仍是一个立方体一样。当然,我们无法全面地想象那种存在,正如我们若生来只能理解二维空间,就永远无法正确地想象立方体一样。但是我们能够对它产生一种朦胧的认识,在产生朦胧的认识之时,我们有生以来第一次对一个超人格的存在形成了一种肯定的看法,不管这种看法是多么地模糊。三个位格,一个存在,这是我们过去永远无法猜测的。然而,一旦有人告诉了我们,我们就差不多觉得,自己应该能够猜测得到,因为这完全符合我们已有的知识。

　　你也许要问:"我们若无法想象一个三位一体的存在,谈论它有何意义?"谈论它确实没有任何意义,关键是我们的生命要实实在在地融入这个三位一体的生命之中。如果你愿意，这种融入可以在任何时间开始。

我的意思是：一个普普通通的基督徒屈身祈祷，极力想与上帝交流。身为基督徒，他知道感动他、让他祈祷的也是上帝，可以说是在他里面的上帝。但是他也知道，自己对上帝的一切真正的认识来自基督——道成肉身的上帝，基督此时就站在他的身边，帮他祈祷，为他代求。现在你明白了祈祷过程中所发生的事：上帝是他祈祷的对象——他努力要达到的目标；上帝也是在他里面推动他的力量——他的动力；上帝还是道路或桥梁，沿着它，他被推向那个目标。因此，当一个普通人祈祷时，三位一体的上帝的整个三重的生命其实都在那间普通的小卧室中运行，将他提升到更高级的生命，即我所说的Zoe，或者说灵性的生命，他被上帝带入了上帝之中，但同时仍然是他自己。

这就是神学的开始。人们已经有了一些对上帝的朦胧的认识，后来出现了一个人，他声称自己就是上帝，这个人你不能斥之为疯子。他让人们相信了他，在亲眼目睹他遇害之后他们再次遇见了他。继形成一个小的社会或团体之后，他们发现上帝也在他们里面，指引他们，使他们有能力做以前不能做的事。等明白了这一切，他们就发现，自己已经得出了基督教对三位一体的上帝的定义。

这个定义不是我们的杜撰，神学从某种意义上说是一门实验科学，只有简单的宗教才是杜撰。当我说神学"在某种意义上"是实验科学时，我指的是，在有些方面它与实验科学相似，但不完全相似。如果你是一位研究岩石的地质学家，你必须去寻找岩石，岩石不会来寻找你，你走到岩石面前它也不会跑开，主动权在你这边，岩石既不能帮助你，也不能妨碍你。但是，假如你是一位动物学家，想在野生动物自然的生活环境中拍摄它们的照片，情况就与研究岩石稍有不同。野生动物不会走到你面前，但会从你身边跑开，除非你悄悄地走近它们，否则它们会躲着你，动物那一方开始有了一点小小的主动权。

现在再上升到高一级的层次。假定你想结识一个人，这个人若执意不肯，你就无法结识他，你必须赢得他的信任。在这种情况下，双方掌握的主动权相等，友谊需要两个人才能建立。

人在认识上帝时，主动权在上帝那边，上帝若不启示自己，人无论如何也无法找到他。实际上，上帝将自己更多地启示给一部分人，而不给另一部分人。这不是因为上帝偏袒，而是因为对一个心智品性败坏的人，上帝无法向他启示自己。这就如同阳光，阳光固然没有任何偏袒，但是，尘封的镜子反射出的阳光不及干净的镜子反射出的明亮。

你也可以换一种方式来看这个问题。你可以说，在其他科学中，你使用的仪器是身外之物（如，显微镜、望远镜），但是你借以认识上帝的仪器是你整个的自我。一个人的自我若不保持清洁明亮，他对上帝的认识也会模糊不清，就像透过肮脏的望远镜观月，看到的月亮是肮脏的一样。因此，可怕的国家有其可怕的宗教，因为他们一直透过肮脏的镜片观看上帝。

上帝只能向真正的人启示他真实的自己。真正的人指的不仅是好的个人，还指那些在同一个身体内①联合、彼此相爱、彼此帮助、向彼此彰显上帝的人。因为那才是上帝对人的希望，他希望大家都像一支乐队中的乐手，或是像一个身体内的各个器官。

所以，认识上帝的真正合适的仪器是共同等候他的整个基督教会，基督教的团契可以说是这门科学的技术器械——实验室设备。因此，那些每隔几年就会出现、想以自己发明的简化的宗教取代基督教传统的人，实际上是在浪费时间。他们这样做，就如同一个人没有任何仪器，只有一副破旧的双筒望远镜，却想着手纠正所有真正的天文学家一样。他也许很聪明，聪明度超出了一些真正的天文学家，但是他不可能纠正他们，两年后大家就会把他忘得一干二净，而真正的科学仍在

---

① 指教会。——译注

继续。

　　基督教若是我们的虚构,我们当然可以把它设计得简单一些。但它不是虚构,在简单性上我们无法与杜撰宗教的人相比。我们怎么能够呢?我们面对的是事实,一个没有任何事实需要考虑的人当然可以把宗教设计得很简单。

时间与超越时间

有人认为读书时不应该"跳读",这是非常愚蠢的。一切明智的读者在遇到对自己无益的章节时都毫无顾忌地跳过去。我在本节中要谈的内容对有些读者可能会有帮助,对有些读者可能只是赘述,徒然将问题变得复杂。你若属于第二类,我建议你不要理会本节的内容,接着读下一节。

在上一节中,因为内容的需要,我涉及到祈祷问题,趁你我对这个问题都还记忆犹新,我想解决一个与祷告有关的难题。有一个人这样对我说:"我完全可以相信上帝,但是,认为上帝可以同时倾听几亿人对他说话,这个我难以接受。"我发现很多人都有这种想法。

现在,首先要注意的是,这个难题的关键集中在"同时"二字上。大多数人都能够想象，只要祷告的人一个接一个地来，上帝就可以倾听他们，不管祷告的人数有多少，上帝都有无尽的时间来倾听他。所以，位于这个难题背后的，实际上是上帝必须把太多的东西纳入到一刻中来这一想法。

这当然是我们的经验。我们的生活一刻接一刻地到来，这一刻消逝，下一刻到来，每一刻只能容下很少的事。时间就是这样。所以，你我往往想当然地认为，这个时间系列，即过去、现在和未来的排列，不仅是我们的生活到来的方式，也是一切事物实际存在的方式。我们很容易想当然地认为，整个宇宙以及上帝自己都和我们一样，总是从过去不断地走向未来。但是，很多学者并不赞同这种观点。神学家们首先提出有些东西根本不在时间之内，后来哲学家也继承了这种观点，现在科学家们也这样认为。

我们几乎可以肯定，上帝不在时间之内，他的生命不是由一个接一个的时刻构成。假如今晚十点三十分有一百万人向他祷告，他不必在我们称为十点三十分的那一刻倾听所有人祷告，对他而言，十点三十分与自创世以来的任何时刻都是现在。如果你愿意这样表达，你也可以说，他在整个永恒之中倾听一位飞行员在飞机坠毁的那一刻所作的几分之一秒的祷告。

我知道这很难理解。我来给你举个例子，这个例子与上帝倾听祷告的情形不完全一样,但有点相像。假如我在创作一部小说,我写道:"玛丽放下手中的活儿,紧接着就听到一阵敲门声!"对于故事中生活在想象的时间里的玛丽来说,放下手中的活儿与敲门声之间没有时间间隔。但是,我——玛丽的创造者却不生活在那段想象的时间里,在写这句话的前后两半之间,我可能端坐了三个小时,专心致志地考虑玛丽的事。我可以把她当作仿佛是书中唯一的人物来考虑,想考虑多久就多久,我考虑的那几个小时根本不会出现在玛丽的时间里(亦即故事的时间里)。

当然,这不是一个很贴切的例子,但是,从中你可以对我所认为的事实略窥一斑。上帝不在这个宇宙的时间长河之中,被它挟裹着前进,正如作者不被他自己小说中想象的时间挟裹着前进一样。上帝有无限的注意力分给我们每个人,他不必集体解决我们的问题,你可以单独和他在一起,仿佛你是他唯一的造物。基督的死也是为你个人而死,仿佛你是世界上唯一的人。

我这个例子的缺陷在于,小说的作者是通过进入一个时间系列(即现实的时间系列),跳出另一个时间系列(即小说的时间系列)。但是我相信,上帝不生活在任何时间系列中,他的生命与我们的不同,不是一刻接一刻地逐渐流逝。对于他,可以说,现在仍然是 1920 年,也已经是 1960 年,因为他的生命就是他自己。

你若把时间想象成一条直线，我们要沿着这条直线走下去，你就必须把上帝想象成这条直线所在的那一整页纸。我们一点一点地经过这条直线，在到达 B 之前必须离开 A，在到达 C 之前必须离开 B。上帝则从上方、外面或四周包围着这整条直线，看得见它的全部。

这个观点值得我们努力去理解，因为它解决了基督教信仰中一些明显的难题。我在做基督徒之前反对基督教的一个理由是：基督徒说永恒的上帝无处不在，他让整个宇宙运行，还曾降世为人。我问：他是婴儿时，或睡着时，整个宇宙如何运行？他怎么可能既是无所不知的上帝，同时又是一个人，问门徒："谁摸我的衣裳？"[①]你注意到，我的问题的关键在于表示时间的那些词："他是婴儿时"，"他怎么可能同时"。换句话说，我认为，身为上帝的基督，他的生命是在时间之中，在巴勒斯坦道成肉身的耶稣，他的生命只是那段时间中的一部分，就像我在军队服役的那段时间是我整个生命中的一部分一样。大多数人可能都倾向于这样认为。我们把上帝想象成生活在时间长河之中：有一段时期，降世为人的生命对他来说仍属未来；过了一段时期，这个生命就成为现在；又过了一段时期，这

---

① 参见《马太福音》5：30。——译注

个生命就成为过去。这种看法可能与实际完全不符，你不能把基督在巴勒斯坦的尘世的生命与他作为上帝超越一切时空的生命放进任何时间的关系之中。基督的人性、他经历的人的软弱、他的睡眠、对有些情况的不知晓①都包括在他整个神性的生命之中，我认为这确实是一个有关上帝的永恒的真理。上帝尘世的生命在我们看来是这个世界历史的一个特定时期（从公元一年一直到他被钉十字架），因而我们以为它也是上帝自身存在的历史中的一个时期。但是上帝没有历史，他完全绝对地真实，所以没有历史。因为拥有历史意味着丧失部分的真实（因为真实已经溜进了过去）和尚未拥有另外一部分真实（因为这部分真实仍在未来），拥有历史实际上只是拥有短暂的现在，你还没来得及说它，它就已经过去。上帝禁止我们这样看待他，我们或许也不希望自己的生命总是以那种比例来分配。

我们若认为上帝处于时间之中，就会遇到另外一个难题。凡信仰上帝的人都相信，他知道你明天要做什么，可是他若知道我明天要做什么，我又怎么可以有做其他事的自由？这个难题再次是由于我们把上帝看成和我们一样，沿着时间的直线前进，唯一的区别是他能够预见未来，而我们不能。果真

---

① 如，上文提到的"谁摸我的衣裳"。——译注

如此，上帝若真能**预见**我们的行动，我们就很难理解自己怎么可以有不做这些事的自由。但是，如果上帝是在时间直线之外、之上，我们所谓的"明天"就和"今天"一样，对于他是同样可见的，所有的日子对他而言都是"现在"。他不是"记得"你昨天做了什么，他只是看你在做这些事，因为你虽然失去了昨天，他却没有。他不是"预见"你明天做什么，他只是看你在做这些事，因为明天对于你虽然尚未到来，对他而言却已经存在那里。你从来不会认为因为上帝知道你在做什么，你此刻的行动就有什么不自由。上帝知道你明天的行动是出于同样的道理，因为他已经在明天之中，他只是在观看你。从某种意义来说，直到你做出了一项行动，上帝才会知道，但是你做出的那一刻对于他就已经是"现在"。

这种观点对我帮助很大，倘若对你没有帮助，就不要理会。伟大智慧的基督徒一直持这种观点，它与基督教没有任何冲突，从这个意义上来说，这是一个"基督教的观点"，但是圣经和信经都没有提到它。不接受这种观点，或者根本不考虑这个问题，你仍然可以成为一个很好的基督徒。

好的感染

在本节的开始，我想请你在头脑中想象一幅清晰的画面：桌上有两本书，一本放在另一本的上面。显然，下面那本书支撑着上面那本，托着它，因为有下面那本书，上面那本才没有碰着桌子，离桌面两英寸。我们把下面那本书称为 A，上面那本称为 B。A 的位置决定了 B 的位置，明白吗？假设（当然，这种假设不可能发生，我们只是拿它做例子而已）这两本书永远处于那种位置，B 的位置就永远是 A 的位置的结果，同样，在 B 处于那一位置之前 A 的位置也不可能存在。换句话说，结果不来自原因之后。当然，结果往往来自原因之后，你先吃黄瓜后消化，但是，不是所有的原因和结果都按照这种次序。你很快就会明白为什么我认为这点重要。

在前几页我说过，上帝包含三个位格，但仍然是一个存在，正如一个立方体包含六个正方形，但仍然是一个物体一样。但是，一旦我开始试图解释这三个位格之间的关系，我就必须用一些词，这些词会给你一种感觉，仿佛其中一个位格在其他两个之前存在。第一个位格叫父，第二个位格叫子，我们说第一个位格生第二个位格，我们称之为**生**而不是**造**，他生下的与他自己同属一类，从这个角度来说，我们只能用"父"这个词。但不幸的是，这个词让人联想到他是先存的，就像人类的父亲先于儿子存在一样。但圣父与圣子的情况与人类不同，在此不存在先后的问题。所以我认为，明白一事物不在另一事物之前存在，却可以是它的源头、原因或起源，这点很重要。因为父存在，子才存在，但是在父生子之前，不存在时间。

也许从下面这个角度来理解是最好的。刚才我请你想象两本书，大多数人可能都想象了。也就是说，你作出了一个想象的行动，脑海中便出现一幅画面。很显然，想象的行动是原因，脑海中的画面是结果，但这并不意味着你先想象，后有了画面，在你想象的那一刻，画面便形成了。意志让画面一直呈现在你的面前，但是，意志的那个行动和画面完全在同一时刻开始、同一时刻结束。假如有一个存在，他始终存在，始终在想象一个东西，他的行动就会在脑海中始终产生一幅画面，但这幅画面和那个行动同样是永恒的。

同样,我们也必须把子想象成(可以说)自父源源不断地流溢而出,像光发自灯,思想出自大脑。他是父的自我表达,是父的必说之言,从未有一刻父不在言说。你注意到了吗?所有这些光或热的画面都给你一种感觉,仿佛父与子是两样东西而不是两个位格。所以,归根结蒂,新约用父与子来描述这两个位格,比我们想要采用的一切其他的替代词都要准确得多。人若离开圣经的语言,就会使用一些其他的替代语,为了阐明某个要点,暂时离开圣经的语言是对的,但是你应该永远回到圣经中来。上帝自然比我们更清楚如何来描述他自己,他知道父与子的关系最接近第一位格与第二位格之间的关系。最重要的是,他知道这是一种爱的关系,父喜悦子,子尊重父。

在继续往下讲之前,请大家注意一下这种关系的实际重要性。各种各样的人都喜欢重复基督教中的这句话:"上帝是爱",但是他们似乎没有意识到,除非上帝至少包含两个位格,否则,"上帝是爱"这几个字便没有任何真正的意义。爱是一个人对另一个人怀有的感情,上帝若只有一个位格,创世之前他便不是爱。当然,当那些人说上帝是爱时,他们指的往往是另外一种意思。他们指的实际是"爱是上帝",即我们所怀有的爱的感情,不管是如何产生、在哪里产生、会带来怎样的结果,都应该受到高度的尊重。这些感情也许应该受到高度的尊重,但是这与基督徒所说的"上帝是爱"截然不同。基督徒相信,生生不息的爱的活动永远在上帝中进行,创造了其他的一切。

顺便说一句,这也许是基督教与一切其他宗教最大的区别所在。在基督教中,上帝不是静态的东西,甚至不是人,而是一种脉动不息的活动,一种生命,差不多是一种戏剧,(你若不认为我大不敬,我还要说)差不多是一种舞蹈。

父与子之间的联合是如此地真实、具体,这种联合本身就是一个位格。我知道这几乎不可想象,但你可以这样来看。你知道,当人与人结合在一个家庭、一个俱乐部或一个工会时,我们常常谈到这个家庭、俱乐部或工会的"灵魂"。我们之所以谈它的"灵魂",是因为当个体集结在一起时,他们实际上就发展起特定的言谈举止的方式,仿佛形成了一种共同的人格,这些特定的方式是彼此独立时不可能产生的。[①] 当然,这种"灵魂"只是很像人,不是真正的人。但是,这只是上帝与我们的区别之一,从父与子联合的生命中发展出来的是一个真正的位格,实际上是三位一体的上帝的第三位格。

这个第三位格用神学术语来说就是圣灵,或上帝的"灵"。

---

① 这种集体的行为可能比个体的行为好,也可能比个体的行为坏。——作者注

如果你发现自己对它（或他）的认识比对那两个位格更朦胧模糊，不要着急或惊讶，我认为这是有原因的。在基督徒的生活中，人通常不是**看着**圣灵，圣灵总是透过人来行动。你若把圣父看作远远地在你前方，把圣子看作站在你身旁，帮你祈祷，努力将你也变成上帝的儿子，那么，你就应当将这个第三位格看作在你之内或在你身后。对于有些人，从第三位格开始，逆向去理解第二、第一位格可能更容易一些。上帝是爱，这个爱透过人，尤其透过整个基督徒群体来发挥作用，但是，这个爱的灵自永恒之中就是在父与子之间运行的爱。

你可能要问：这有什么重要的吗？是的，其重要性超过了一切。这整个的舞蹈、戏剧或者说三位一体的生命模式都应该在我们每个人之中展现出来，（换一种说法）我们每个人都必须进入这个模式当中，在舞蹈中承担自己的角色。上帝创造我们，希望我们享受的幸福，我们不能通过其他途径获得。大家知道，东西无论好坏，都是通过"感染"获得的。你想要暖和就得站在火边，想要身湿就必须走进水里，想得到喜乐、力量、平安和永生，就必须接近，甚至进入拥有这一切的东西之中。喜乐、力量、平安和永生不是上帝的奖品，愿意发放给谁就给谁。它们是力与美的巨大源泉，从实在①的中心喷涌而

---

① 指上帝。

出,靠近它,涌泉就会湿润你,远离它,你就会始终干涸。人一旦与上帝联合,怎能没有永生?一旦与上帝隔绝,怎能不枯槁死亡?

人应当怎样与上帝联合?我们如何才能进入三位一体的生命之中?

大家还记得我在"三位一体的上帝"那一节谈到**生**与**造**时所说的话,我们不是由上帝所生,只是由他所造。自然状态下的我们不是上帝的儿子,(可以说)只是塑像,我们没有 Zoe 或者说灵性的生命,只有 Bios 或者说生物性的生命,这个生命迅速走向枯竭衰亡。基督教提供给我们的不外是:我们若让上帝按照他的旨意去行,就可以分享基督的生命。果真如此,我们分享的就不是被造的生命,而是受生的、自有永有的生命。基督是上帝的儿子,我们若分享这种生命也就会成为上帝的儿子,将和他一样爱父,圣灵也会驻在我们之中。基督降世为人,为的是通过我所谓的"好的感染",向他人传播他拥有的这种生命。每个基督徒都会成为一位小基督,做基督徒的全部目的即在此,别无其他。

固执的玩具兵

上帝的儿子成为人，为的是人能成为上帝的儿子。我们不知道（至少我不知道），人类若没有背叛上帝、加入敌人的阵营，情形会是如何。或许人从出生那一刻起就"在基督里"，分享上帝的儿子的生命，或许 Bios，即自然的生命，会顺理成章地被提升到 Zoe，即非造的生命之中。这只是猜想而已，你我关心的是人类现在的情形。

现在的情形是，这两种生命非但不同（倘若没有基督，还会一直不同下去），实际上还互相对立。我们每个人的自然的生命都以自我为中心，都希望受到别人的赞扬和仰慕，希望为一己之便，利用其他的生命和整个宇宙，尤其希望能自行其道，远离一切比它更好、更强、更高、使它自惭形愧的东西。自然的生命害怕灵性世界的光和空气,就像从小邋遢的人害怕洗澡一样。从某种意义上说它很对,它知道一旦灵性的生命抓住它,它一切的自我中心和自我意志就会被消灭,所以它准备负隅顽抗,免遭厄运。

你小时候有没有想过,你的玩具若能够变活,该多有意思啊?假定你真的能够让玩具变活,想象你将一个小锡兵变成真正的小人,与此同时它的锡身变成肉身。假定小锡兵不喜欢这样,他对肉身不感兴趣,他看到的只是锡被破坏,他认为你是在毁灭他的性命。他会拼命阻止你,如果可能,决不愿意你将他变成人。

你对那个小锡兵做了什么我不知道,但是,上帝对我们做的是:上帝的第二位格——圣子亲自变成了人,作为一个真正的人降生来到世间,有具体的身高,长着具体颜色的头发,说一门具体的语言,体重若干公斤。无所不知、创造了整个宇宙的永恒的存在不但变成了人,在那之前还变成了一个婴孩,再往前还在一个女人的腹中变成了胎儿。如果你想知道其中的滋味,想象自己变成一只蛞蝓或螃蟹时会怎样。

结果是,你们有了一个人 ,这个人真正具备了所有人都应当具备的模样,在他身上,自母亲而来的被造的生命允许自己完全彻底地被转变为受生的生命。他里面的那个自然的人整个被带入圣子之中,于是顷刻间,可以说,人类就到达、进入了基督的生命之中。因为对人来说，所有的困难就在于，自然的生命必须在某种意义上被"消灭"，所以他选择了一个尘世的生涯。这个生涯包括处处消灭他身上人的欲望，遭受贫穷、家人的误解、亲密的朋友的出卖、役吏的嘲笑与虐待、酷刑和杀害。在这样被杀之后（在某种意义上说，他每天都被杀），他里面的人因为与圣子合一复活了。复活的不仅仅是上帝，基督作为人也复活了。这是全部的关键所在。第一次，我们看到了一个真正的人。一个锡兵，像其他的锡兵一样是真锡制的，完完全全地活了过来，光彩夺目。

以玩具兵为例在此有一点不妥。真正的玩具或塑像有了生命之后，显然不会对它的同伴们产生影响，它们都是各自独立的。但是人类不同。看到人各自独立地行动，我们便以为人是独立的，但是，人生来只看得见现在，倘若我们能看见过去，情况自然就显得不同。因为每个人都曾经是他母亲身体的一部分，（再往前）是他父亲身体的一部分，而父母亲曾经是祖父母身体的一部分。你若像上帝一样看到人类在时间上的延伸，人就不像众多独立的个体，四处分散，而是像一个不断成长的东西——一棵枝繁叶茂的大树，每个个体看上去都与其他的个体相连。不仅如此，个体实际上也同样与上帝相连，全世界每一位男女、儿童此刻都有感觉、有呼吸，乃是因为上帝在"让他的生命继续"。

所以,基督降世为人与你变成玩具兵并不完全相同,此时,一个一直在影响整个人类的东西开始在一个点上以一种新的方式影响整个人类。这一影响从那个点出发一直渗透、扩展到全人类,改变了生活在基督之后的人,也改变了生活在他之前的人,以及那些从未听说过他的人。这就如同在一杯水中加入一滴新的东西,它会给整杯水带来了新的味道或颜色。当然,我举的这些例子并不完全恰当。上帝终归是他自己,而非任何人,他所行的也非同一切,你也几乎不能期望他的作为与他物有何相似之处。

上帝让全人类发生了怎样的改变?因为他的工作,人类得以成为上帝的儿子,从一个被造物变成受生物,从短暂的生物性的生命过渡到永恒的灵性的生命。原则上说人类已经"得救",我们每个人必须去分享这份救恩,但是真正艰巨的工作,我们自己无法完成的工作,上帝已经替我们做了。我们不必自己去攀登进入灵性的生命,这个生命已经降临到人类当中,只要我们愿意向充满这个生命的那一位人(他是上帝,也是一个真正的人)敞开自己,他就会在我们心中为我们做工。记住我前面说的"好的感染",我们人类当中有一个人拥有了这种新的生命,靠近他,我们就可以从他获得这种生命。

当然,你可以用各种不同的方式表达这点。你可以说基督为我们的罪而死;可以说因为基督替我们承担过犯,所以父赦免了我们；可以说羔羊的宝血洗净了我们；可以说基督已经战胜了死亡。这样说都是对的，如果有哪种说法你不喜欢，不必在意，选择你喜欢的说法。但是，无论你选择哪种，都不要因为其他人采取了与你不同的说法，而与之争吵。

两点注释

为了避免误解，我在此对上一节出现的两个问题做一点注释。

（1）一位善于思考的听众写信问我：如果上帝想要的是儿子而不是"玩具兵"，他为什么不一开始就生出许多儿子，而是先造出玩具兵，然后再通过这样一个艰难痛苦的过程让它们获得生命？这个问题的答案有一部分很容易理解，另一部分则可能永远无法为人类所知。容易理解的部分是，倘若人类在数世纪之前没有背离上帝，从造物变成儿子的过程不会那么艰难痛苦。人之所以能够背离上帝，是因为上帝给了人自由意志；上帝给人自由意志，是因为一个只由机械的人构成的世界永远不会去爱，因而也永远不知道无限的幸福。这个答案难以理解的部分在于，所有的基督徒都同意，在最原始、最充分的意义上说，"上帝的儿子"只有一位，我们若坚持要问"本来可以有多个吗"，就会发现自己陷入了困境。"本来可以"这几个字用于上帝身上有意义吗？你可以说一个有限的事物"本来可以"与现在不同。这种不同是因为另一个事物与现在不同；另一个事物与现在不同，是因为又有另一个事物与现在不同，以此类推下去。（印刷商如果使用红色的油墨，这页纸上的字就是红的；印刷商使用红色的油墨，是因为出版社要求印刷商印成红字；以此类推。）但是当你谈论上帝，亦即谈论一切事物赖以存在的最根本、不可简约的事实时，问它可否是另一副样子毫无意义，它就是它现在所是，这个问题到此为止。除此之外，我发现，父从永恒之中生出众子这一想法本身也有问题。要想有"多"，子与子就必须彼此不同。两个便士形状相同，为何是二？因为它们位于不同的地方，所含的原子也不相同。换句话说，要将它们视为不同，我们就必须引进空间和物质，实际上我们必须引进"自然"或被造的宇宙。我不必引进空间或物质就可以明白父与子的不同，因为父生子，子受生，父与子的关系不同于子与父的关系。但是倘若有几个儿子，儿子彼此之间的关系以及他们各自与父的关系都是同样的，儿子彼此之间该如何区别？当然，你一开始不会注意到这个问题，以为几个"儿子"这种想法可以成立。但是仔细思考,我就发现,这个想法之所以似乎成立,只是因为我潜意识地把他们想象成人的形状,一起站在某种空间里。换句话说,虽然我假装考虑的是某个在宇宙形成之前就已经存在的东西,实际上我偷偷引入了一幅宇宙的图景,将那个东西置于这个图景之中。当我不引入那幅图景,仍然想思考父"在万世之前"生出众子时,我发现自己实际上什么都想不出,这个想法化为了单纯的言语。(自然——空间、时间、物质——之所以被造,是否就是为了使"多"成为可能?除了在宇宙中先造出众多自然的造物,然后使他们具有灵性外,是不是没有其他的方式可以产生众多永生的灵魂?当然,这一切只是猜想而已。)

(2)整个人类从某种意义上说是一个整体,像一棵树一样,是一个庞大的有机体。但是,这不等于说个体的差异不重要,或者,汤姆、纳比、凯特这些真实的人不及阶级、种族等之类的集体重要。实际上这两种观念是彼此对立的。同一个有机体的各个部分可能大不相同,不同有机体之间可能非常相像。六个便士各自独立,非常相像;鼻子和肺却大不相同,它们之所以都活着,只是因为都是身体的一部分,分享着共同的生命。基督教不把个体的人视为仅仅是一个群体的成员,或一张单子上的一个项目,而是视为一个身体内的各个器官——互不相同,各司其职。当你发现自己想把自己的孩子、学生,甚至邻居变成和自己一模一样时,请记住,上帝可能从未有这种打算。你和他们是不同的器官,上帝要你们尽不同的职责。另一方面,当别人遇到困难,你因为"事不关己",便想"高高挂起"时,请记住,他虽然与你不同,但和你同属一个有机体。忘记了他和你同属一个有机体,你就会变成一个个人主义者;忘记了他和你是不同的器官,想要压制差别,使众人都相同,你就会变成一个极权主义者。基督徒既不应该做极权主义者,也不应该做个人主义者。

我很想告诉你,我想你也很想告诉我,这两种错误究竟哪种更严重。这是魔鬼在作祟。魔鬼总是将错误成对地打发到世界上来,总是怂恿我们花很多时间来考虑哪种错误更甚。你肯定看出了其中的奥秘,是不是? 他藉你格外不喜欢一种错误,来逐渐地将你引入相反的错误当中。千万不要受骗上当。我们必须定睛自己的目标,从这两种错误中间笔直地穿行过去,这才是我们唯一重要的。

我们来假装

　　在本节的开始，我可否再次向你描绘两幅画面，更确切地说，告诉你两个故事？一个故事大家都读过，叫做《美女与野兽》。大家记得，那个女孩因为某种原因，不得不与一个怪兽结婚，结婚之后，她吻这个怪兽，把它当作人，令她十分欣慰的是，这个怪兽真的变成了人，一切皆大欢喜。另一个故事讲到一个人不得不戴一副面具，这个面具使他比本人好看得多，他不得不戴很多年。等他摘下面具后，他发现自己的脸已经长成了和面具一样，他真的变得俊美了，起初的伪装成为了现实。我认为，这两个故事都有助于（当然，以想象的方式）说明本节要讨论的问题。到目前为止，我一直在极力地描述事实——上帝是什么，上帝做了些什么。现在，我想谈谈实践——我们下一步该做什么？所有这些神学会产生什么影响？它今晚就可以开始产生影响。如果你对本书感兴趣，一直读到此节，你也许有兴趣试着去祷告一下。不管你祷告些什么，主祷文可能必不可少。

主祷文一开始就说**我们在天上的父**。你现在明白这几个字的意思了吗？它们的意思很清楚，那就是，你把自己放在上帝的儿子的位置上，坦率地说，**你把自己装扮成基督，**（你若愿意，我要说）你是在伪装。因为你一旦明白了这几个字的意思，你就意识到自己不是上帝的儿子，你和圣子不一样。圣子的意志、所关注之事与圣父同一，而你心中则充满着以自我为中心的恐惧、希冀、贪婪、嫉妒和自负，这一切都注定让你死亡。所以，从某种意义上说，人装扮成基督简直是厚颜无耻。可是奇怪的是，基督命令我们这样做。

为什么？伪装成自己其实不是的那种人有什么好处？大家知道，即使在人的层面上也有两种伪装。一种是坏的，企图以伪装之物代替真实之物，如一个人假装自己会帮助你，实际上并不帮助你。但也有一种好的伪装，这种伪装最终导致真实之事发生。当你对人并不感到特别友好，可是又知道自己应当表现出友好时，最好的办法往往是装出一副友好的样子，在行动上表现出比你实际的要好。大家都曾注意到，几分钟之后，你感到自己确实比先前友好了。若想真正拥有一种品质,唯一的途径通常是,在行动上开始表现出仿佛已经拥有了这种品质。儿童的游戏之所以重要,原因亦在此。他们总是装扮成大人,玩打仗、做买卖的游戏,但是,自始至终他们都在锻炼自己的肌肉、增强自己的智慧,结果,装扮成大人真的帮助了他们长大。

一旦意识到"我现在装扮成基督",你很可能立刻就会发现通过某种方式,伪装当即就变得不那么虚假,更接近真实。你会发现自己心里在想一些事情,你知道,自己若是上帝的儿子,就不会想这些事情。那就别想了。或者,你可能意识到现在不应该祷告,而应该下楼去写信,或帮助妻子洗衣服。那就去吧。

你现在明白了,这位既是人(和你一样)又是上帝(和圣父一样)的圣子——基督自己就在你的身边,在那一刻就开始将伪装变成现实。这并不是变着花样说,良心在指示你做什么,诉诸良心,你会得到一个结果,记起自己装扮成基督,你会得到另外一个结果。有很多事(尤其是心里所想),良心也许并不认为是绝对地错,但是你若真心想和基督一样,你立刻就知道自己不能再做下去,因为此刻你考虑的不只是对与错,你是在努力从一个"人"那里得到好的感染。这不太像遵守一套规则,倒更像画一幅肖像,奇怪的是,这比遵守规则一方面要难得多,另一方面又容易得多。

上帝真正的儿子就在你身边，开始将你变成和他一样，可以说，开始向你"注射"他那种生命和思想，即他的 Zoe，开始将锡兵变成活人。你身上不喜欢这种改变的部分就是锡制的。

有些人可能觉得这与你个人的体验不同，你可能说："我从未感觉自己得到过无形的基督的帮助，反倒常常得到他人的帮助。"这样说就好似第一次世界大战中的那位妇女，她说即使面包匮乏，也不会影响到她的家庭，因为他们一向吃吐司。没有面包就没有吐司，没有基督的帮助就没有他人的帮助。基督通过各种各样的方式在我们身上做工，不仅通过我们所谓的"宗教生活"，还通过自然、我们自己的身体、书籍，有时候还通过一些（在当时看来）似乎是反基督教的经验。例如，一个年轻人把去教堂视为例行公事，当他真心意识到自己不相信基督教、不再去教堂时（前提条件是，他这样做是为了诚实，而不只是为了惹父母生气），基督的灵可能比以往任何时候离他更近。但最重要的是，基督通过别人在我们身上做工。

对他人而言，人是基督的镜子或者"载体"，有时候是不知不觉的载体。这种"好的感染"可能是由那些自己尚未得到"感染"的人传播的，那些自身不是基督徒的人就曾帮助我接受了基督教。但是，将上帝带入人心中的，通常都是认识上帝的人,这就说明了为什么教会——向彼此彰显上帝的整个基督徒群体是如此重要。当两个基督徒一起跟随基督时,可以说,基督教产生的影响不是他们各自独立时的两倍,而是十六倍。

但是不要忘记,婴儿起初吮吸母乳而不认识母亲是自然的,我们看见帮助我们的人,而没有看见他背后的基督,同样也是自然的。但是我们不能永远做婴儿,必须进一步认识那位真正的赐予者,否则便不合常理。因为我们若不认识他,便会去依赖人。而这终有一天会让我们失望,因为最好的人也会犯错误,所有的人终有一死。我们应该感谢所有帮助过我们的人,应该尊重他们,爱他们,但是永远不要将你全部的信心倾注在任何人身上,即使他是全世界最好、最智慧的人。你可以用沙子做很多很好的事情,但是不要试图在沙子上建盖房屋。

现在,我们开始明白新约反复论及的内容。新约谈到基督徒的"重生"、"披戴基督",谈到基督"成形在你们心里"、①我们逐渐地"以基督耶稣的心为心"。②

千万不要认为,这些只是变着花样说基督徒应该阅读基

① 参见《加拉太书》4:19。——译注
② 参见《腓利比书》2:5。——译注

督的教导,并努力付诸实践,就像一个人阅读柏拉图或马克思的教导,并努力付诸实践一样。新约中这些话的含义远远不止于此,它们指的是,一个真正的"人"——基督此时此刻就在你祷告的房间里为你做工。新约讲的不是一个两千年前去世的好人,它讲的是一个活生生的人,一个和你一样是人,又和上帝在创世之时一样是神的人。他确确实实来到世间,介入你的自我,去除你里面那个自然的老我,代之以他拥有的自我。起初他只是短暂地介入,后来介入的时间渐长,最后,若一切顺利,他会将你永远变成一个不同往昔的存在,一个全新的小基督,一个在自身小范围内拥有和上帝同样的生命、分享他的力量、喜乐、知识和永恒的存在。不久我们就会有两点发现:

（1）我们不但开始注意到自己具体的罪的行为,还注意到自己的罪性,不但开始意识到自己做什么,还意识到自己是什么。这听起来可能比较难懂,所以,我以自己为例,尽量把它解释清楚。我晚上祷告时极力回想白天所犯的一切罪,最明显的罪十有八九与缺乏爱心有关:紧绷着脸、粗声大气、讥讽嘲笑、冷落怠慢或大发雷霆。这时我的脑海里便立即蹦出一个借口:导致我这样做的事由是如此地突如其来、出乎意料,我毫无防备,一时无法镇静。这些具体的行为也许情有可原,倘若早有预谋,纯属故意,这些行为显然更坏。另一方面,一个人在毫无防备之时所做的事岂不最能证明他是怎样的一种人吗？一个人在未来得及伪装之时暴露的岂不是他的真实面目？地窖里若有老鼠，你突然闯入时最有可能撞见它们，但是，地窖里有老鼠不是由突袭造成，突袭只是让老鼠无法躲藏而已。同样，我的坏脾气也不是由事件的突发造成，突发事件只是让我看到自己的脾气如何坏而已。老鼠一直就在地窖里，如果你大声叫嚷着走进去，它们会在你开灯之前藏起来。怨恨报复的"老鼠"显然一直就藏在我灵魂的地窖里，那个地窖我有意识的意志无法触及，我可以在某种程度上控制自己的行为，但不能直接控制自己的性情。倘若（如前所说）我们是什么比我们做什么更重要，倘若我们做什么之所以重要，主要是因为它证明了我们是什么，那么，我最需要经历的那种改变，我凭自己主动直接的努力无法实现。这一结论同样可以用于我的好行为。我的好行为有多少出于良好的动机？有多少出于对舆论的畏惧或想要炫耀的欲望？有多少出于固执或优越感？这种固执或优越感在另外一种情况下可能同样会产生一个极坏的行为。但是，我不能通过直接的道德努力赋予自己新的动机。在基督徒的生活道路上迈出最初几步之后，我们意识到，我们灵魂中真正需要做的事唯有上帝才能做到。这就将我们引至我到目前为止一直让人非常误解的一点上来。

（2）我前面所讲的话给人一种感觉,仿佛一切都是我们自己在做。实际上,当然一切都是上帝在做,我们最多允许他在我们身上做工。在某种意义上你甚至可以说,是上帝在假装。三位一体的上帝在他面前看到的,实际上可以说,是一个以自我为中心、贪婪、喋喋不休地抱怨、叛逆的人这种动物。但是,他说:"让我们假装这不只是一个造物,而是我们的儿子。就他是人而言,他像基督,因为基督曾降世为人。让我们假装他在灵性方面也像基督,权且把他当作儿子来看待。让我们这样来假装,以便假装之事真的能变为现实。"上帝把你当作小基督来看待,基督站在你身边将你变成小基督。我敢说,上帝的这种假装初听起来很奇怪,可是,它真的很奇怪吗?高级的生命提携低级的生命不是总以这种方式吗?婴儿不懂语言时,母亲通过对它说话教它语言,仿佛它真能听懂似的;我们对待狗时也把它们看作"差不多像人",结果它们真的变得"差不多像人"。

做基督徒困难还是容易？

上一节我们一直在讨论基督教所说的"披戴基督"，或者说"装扮成"上帝的儿子，以便最终可以成为真正的儿子。在此我想澄清一点，那就是，披戴基督不是基督徒所做的众多的工作之一，也不是给最好的基督徒设计的特殊训练，这是基督教的全部，基督教提供给我们的除此之外别无其他。在此，我想指出基督教的这一观念与通常对"道德"和"为善"的看法有何不同。

在做基督徒之前，我们对"道德"和"为善"的普遍看法是：我们以普通的自我为出发点（这个自我有着各种各样的欲望和利益），然后承认某个别的东西（你可以称之为"道德"、"正当的行为"、"社会的善"）对这个自我有所要求，这些要求妨碍了这个自我自身的欲望。我们所谓的"为善"就是向这些要求妥协，这个普通的自我想做的事有些原来是"错误的"，我们必须放弃去做；这个自我不想做的一些事原来是"正确的"，我们必须去做。但是自始至终我们都希望，当所有的要求都满足之后，这个可怜的自然的自我仍然有机会和时间去过它自己的生活，做它喜欢做的事。事实上，我们很像一个诚实的纳税人，规规矩矩地纳税，但是希望在纳完税后能剩下足够的钱供自己生活。因为我们仍是以自然的自我为出发点。

我们只要持这种观点，就可能出现以下两种情况：放弃从善，或变得很不快乐。因为你若真心打算满足道德对这个自然的自我的一切要求，这个自我便会所剩无几，不足以存活下去。你越听从良心的呼唤，良心对你的要求就越多，自然的自我便会四处挨饿、受阻、焦虑，变得越来越愤怒。最后，你要么放弃努力为善，要么成为一个所谓"为他人而活"的人，对生活非常不满，满心抱怨，总是奇怪别人为什么没有更多地注意到你为他们而活，总视自己为殉道者。一旦成为那种人，你就会令每一个不得已和你生活在一起的人讨厌，这比你老老实实做一个自私自利的人要讨厌得多。

基督徒的生活方式与此不同，你可以说它更难，也可以说它更容易。基督说："把一切都交给我。我不要你这么多的时间、金钱和工作，我只要你。我来不是要折磨你自然的自我，乃是要消灭自然的自我。一切折衷的方案都行不通，我不想这里砍下一根树枝，那里砍下一根树枝，我要把整棵树伐倒；我不想在牙齿上凿洞，镶个金边，或止住疼痛，我要把它拔出来。把你整个自然的自我，连同你认为纯洁或邪恶的一切欲望都一古脑交给我，我要还给你一个全新的自我。实际上，我会把自己赐给你，我的意志将成为你的意志。"

比起我们所有人都想达成的妥协，这样做更难，也更容易。我想你们已经注意到，基督自己有时候将基督徒的道路描述为十分艰难，有时候又描述为十分容易。他说"背起你的十字架"，换句话说，这就像进集中营被活活打死。紧接着他又说："我的轭是容易的，我的担子是轻省的。"[1]两句话都为实，你很快就会明白为什么两种说法都正确。

老师们会说，班上最懒惰的学生到头来学习最辛苦。他们的意思是，你若告诉两个学生一个几何命题，准备花气力去学的学生会努力弄懂它，懒学生则努力记住它，因为在目前阶段，这样做比较省力。但是六个月后，当他们准备考试时，好学生花几分钟就能明白、做起来得心应手的东西，懒学生则要花无数个小时，苦不堪言地在那里学习。懒惰意味着到头来付出更多的劳动。你也可以这样来看。在作战或登山中，往

---

① 参见《马太福音》11:30。——译注

往有一件事需要很大的勇气才能去做，但是从长远来看，那也是最安全的一件事。如果你逃避，不去做，几小时之后你会发现自己处于更加危险的境地。令人胆怯之事也是最危险之事。

基督徒的生活道路与此相似，最可怕、几乎不可能的事是向基督交出整个的自我——你一切的愿望和顾虑。但是，与我们所有人都极力想做的事情相比，这要容易得多，因为我们极力想做的是：一方面保持所谓的"自己"，以个人的幸福为生活的远大目标，另一方面又想"为善"。我们都极力想放任自己的心意——以金钱、快乐、野心为中心，同时，又希望行为诚实、正派、谦卑。这正是基督告诫我们无法做到的，正如他所说，蒺藜上结不出无花果来。① 我若是一块只有草籽的田地，就长不出麦子，割草可以防止草疯长，但是我仍然只会长草，不长麦子。我若想长麦子，就不能停留在表层的改变，必须翻地，重新播种。

所以，基督徒生活中的真正困难往往在意想不到的时刻——在每天早晨醒来的那一刹那出现，你对那一天所抱的一切的期望和愿望都如猛兽般袭来。每天早晨你要做的第一件事就是把它们统统推回去，转而聆听另一种声音，采取另一

---

① 参见《马太福音》7:16。——译注

种视角,让另一个更伟大、更有力、更宁静的生命流淌进来,全天都要如此。远离一切自然的烦躁和焦虑,抛开一切虚无的东西。

这样做,起初我们只能坚持片刻,但是在这片刻中,一种新的生命开始慢慢遍布全身,因为现在我们是在让他①在我们身上需要的地方工作。他的工作与我们的不同,如同涂料与染料、染色剂不同,涂料只涂在外表,染料、染色剂却彻底浸透。上帝从不讲模棱两可、不着边际的空话,当他说"你们要完全"②时,他真的要求我们完全,他的意思是我们必须接受全面的治疗。这很难,但是我们一直都想达成的妥协更难,实际上,那种妥协根本不可能。由鸟蛋孵出鸟也许很难,但是,如果始终停留在鸟蛋阶段,想学飞就更难。我们现在就像鸟蛋,你不可能永远做一只普普通通的好看的鸟蛋,我们必须孵出来,否则就会变坏。

我可以回到前面所说的内容上去吗?披戴基督,这是基督教的全部,基督教除此之外别无其他。在这个问题上很容易犯糊涂,我们很容易认为,教会有众多不同的目标——教

---

① 指上帝。——译注

② 参见《马太福音》5:48——"所以你们要完全,像你们的天父完全一样。"中文和合本圣经中翻译的"完全",意思是"做一个完美的人"。后文"成全你"的意思是"让你成为一个完美的人"。——译注

育、建筑、举行敬拜仪式等等,正如我们很容易认为,国家有众多不同的目标——军事的、政治的、经济的等等一样。但是从某种意义说,情况要比这简单得多。国家存在的目的只是为了增进、保护人在此生中的平凡的幸福——丈夫和妻子能够在火炉边聊天、三两个朋友能够在酒吧玩飞镖、一个人能够在自己的房间里看书或在自己的花园里掘地,这就是国家存在的目的。国家倘若不能帮助增添、延长、保护这样的时刻,谈法律、议会、军队、法庭、警察、经济等等都是在浪费时间。同样,教会存在的目的也只是为了引人进入基督之中,使他们成为小基督。做不到这点,谈教堂、教牧人员、宣教、布道、甚至圣经本身也都是在浪费时间。上帝降世为人不是为了其他目的,整个宇宙是否为其他目的而造甚至也值得怀疑。圣经说整个宇宙都是为基督而造,一切的丰盛都是在他里面居住。①我想,没有谁知道整个宇宙如何在他里面居住,我们不知道在地球之外千百万英里的宇宙中有什么存在,我们甚至不知道这句话怎样应用于地球上除人以外的其他一切。毕竟,这种未知是在预料之中,上帝只让我们看到与我们有关的那部分计划。

　　我有时候喜欢设想自己知道这番话如何应用于其他事

---

① 参见《歌罗西书》1:16—17。——译注

物。我想我能够明白，高级动物在人爱它们、使它们更接近于人时，从某种意义上说就进入了人之中。我甚至能够明白，无生命的东西和植物在人研究、使用、欣赏它们时，在某种意义上就进入了人之中。倘若其他的世界也有智慧的造物，他们在自己的世界可能也这样做，当智慧的造物进入基督之中时，他们可能也会以那样的方式将其他事物一同带入基督之中。这只是猜测而已，我无法确知。

圣经告诉我们的是人怎样才能进入基督之中，成为这位宇宙年轻的王子想要献给父亲的奇妙的礼物的一部分。这个礼物就是他自己以及在他之中的我们，这是我们被造的唯一目的。圣经中有一些新奇的、激动人心的暗示，它暗示，当我们进入基督之中时，自然中很多其他的事物也开始走上正轨，噩梦即将逝去，黎明将要来临。

计算代价

我发现，很多人对主耶稣基督的"你们要完全"这句话感到不安。有些人似乎认为，这句话的意思是"你若不完全，我就不帮助你。"因为我们不可能完全，所以，倘若主的意思真如我们所理解的，我们将处于非常绝望的境地。但是我认为主指的不是那个意思，我想他的意思是："我给予的唯一帮助是帮助你成为完全的人，你的要求可能会低些，但我给你的不会少于此。"

我来解释一下。我小时候经常牙痛，我知道如果去找妈妈，她会给我点什么，止住当晚的牙痛，让我入睡。但是，我不去找妈妈，至少不到痛得无法忍受时不去找她。原因在于：她会给我吃阿司匹林，这点我不怀疑，但是，我知道她还会采取其他措施,第二天早晨她要带我去看牙医。我若想从她那里得到我想要的东西,就不能不接受另外一些我不想要的东西。我希望牙痛立即得到缓解,可是,不让人彻底矫正我的牙齿,我就别想牙痛立即得到缓解。我知道那些牙医,他们会不停地捣鼓其他还没有疼痛的牙齿,睡着的狗他们也不肯让它安宁,得寸进尺。

如果可以的话,我想说:主就像牙医,他会得寸进尺。许多人来到主面前,希望主能根治他某个特定的罪,他们为这个罪感到耻辱(如,手淫,怯懦),或是这个罪明显破坏了他的日常生活(如,脾气暴躁,酗酒)。当然,主会根治这个罪,但是主不会停留于此。你要求的或许只是这些,但是你一旦把主请入,他就会对你作全面的治疗。

所以,主告诫人们,在做基督徒之前要"算计花费"。①"别弄错了,"他说,"你如果把自己交托给我,我就要成全你。从你把自己交到我手中的那一刻起,你就注定这样了,你不会达不到完全,也不会成为别的样子。你有自由意志,你若愿意,可以把我推开。但是,若不把我推开,你就要明白,我会把这项工作进行到底。这样做无论让我付出怎样的代价,我都

---

① 参见《路加福音》14:28"你们哪一个要盖一座楼,不先坐下算计花费,能盖成不能呢?"——译注

不会停息，也不会让你停息，直到你确实成为一个完全的人，直到我父能够毫无保留地说，你是他所喜悦的，正如他说我是他所喜悦的一样。我能做到这点，也会做到这点，但不会少于这点。"

可是，这位最终只对绝对的完全感到满意的帮助者，也会对你明天为了尽最简单的一项义务，挣扎着作出的一点微薄的努力感到高兴。这是他成全你的另外一个同样重要的方面。正如一位伟大的基督教作家（乔治·麦克唐纳）指出的，每一位父亲都为孩子第一次学习迈步感到高兴；但是，没有哪一位父亲会对成年儿子没有迈出从容坚定的男子汉的步伐感到满意。他同样也说："让上帝高兴容易，令他满意很难。"

这一点具有实际的意义。一方面，在你努力学好，甚至遭遇挫折时，你丝毫不必因上帝对完全的要求而感到气馁。每次你跌倒，上帝都会把你扶起来，他很清楚，你凭自己的努力永远不可能接近完全。另一方面，你从一开始就应该认识到，上帝即将引你奔向的终点是绝对的完全，在整个宇宙中，除你之外，没有任何力量能够阻止他带你到达那个终点，那是你注定要去的地方。意识到这点很重要，倘若意识不到这点，我们就很可能在到达某一点后开始后撤，拒绝上帝。我想我们当中有很多人，当基督赐予我们能力，克服了一两种以前显然令人厌恶的罪时，往往就认为（虽然没有用语言表达出来）自己现在已经相当不错,我们想要基督为我们做的一切他都做了,如果他现在就不再干涉我们,我们将非常感激。正如我们所说的,"我从来没有希望自己成为圣人,我只想做一个体体面面的普通人。"说这话时,我们以为自己很谦卑。

但是,这是一个致命的错误。当然,我们从来没有希望,也从来没有要求,变成上帝理想中的造物。可是,问题不是我们希望自己变成什么,而是上帝造我们时,他希望我们变成什么。他是发明者,我们只是机器,他是画家,我们只是图画,我们如何知道他对我们的计划?要知道,他已经使我们与以前大不相同了。很久以前,在我们出生以前,当我们还在母腹中时,我们就经历了各种不同的阶段,我们曾经一度颇像蔬菜,还颇像鱼,只是在后期才变得像婴儿。倘若我们在早期就有意识,我敢说,我们会对永远做蔬菜、做鱼感到很满足,不想变成婴儿。但是,上帝自始至终都很清楚他对我们的计划,并且决心要实施这一计划。同样的情况现在发生在更高一级的层次上。我们可能满足于永远做所谓的"普通人",但是上帝决定要实施一个截然不同的计划。从这个计划前退缩不是谦卑,而是懒惰和怯懦,服从这个计划不是自负、妄自尊大,而是顺服。

我们还可以用另外一种方式来表述这一真理的两个方面。一方面,我们千万不要以为,无需帮助,依靠自己的努力,我们就可以做一个"体面的"人。我们自己的努力甚至无法保证我们在后二十四个小时内做一个"体面的"人,假如没有上帝的帮助,没有人能够避免犯这样那样的重罪。另一方面,有史以来最伟大的圣人,他们的圣洁、英雄品质无论达到怎样的程度,都没有超出上帝决心要在每个人身上最终成就的事业范围。这项事业此生不会完成,但是,上帝希望在我们去世之前尽可能取得更多的进展。

所以,如果我们遇到困难,千万不要惊讶。当一个人归向基督,似乎进展顺利时(在坏习惯现在得到改正这个意义上),他往往觉得一帆风顺是很自然的事。疾病、经济困难、新的诱惑等烦恼来了,他就感到失望。他认为,这些东西在他过去堕落时也许必要,可以唤醒他,促使他悔改,可是,为什么现在还会出现? 这是因为上帝在驱使他向前,或者向上,达到一个更高的层次。上帝将他置于这样的情境之中,要求他比梦中想象的还要勇敢、有耐心、有爱心。这一切在我们看来似乎没有必要,那是因为我们根本不知道上帝想要在我们身上成就怎样惊人的事业。

我发现自己还得借用乔治·麦克唐纳的一个比喻。请你把自己想象成一座住宅,上帝进来重修这座住宅。一开始你可能明白他在做什么,他疏通下水道,修补屋顶的漏洞等等,你知道这些工作需要做,所以并不感到惊讶。可是不久,他就开始在房子四处敲击,让房子疼得厉害,而且好像也没有任何意义。他到底要干什么?回答是:他在建一栋与你原先想象的截然不同的房屋,在这里新建一幢副楼,在那里添加一层,再搭起几座塔楼,开辟几片院落。你原以为他要把你盖成一座漂亮的小屋,可是他在建造一座宫殿,他打算自己来住在里面。

"你们要完全",这一命令不是空想家的虚谈,也不是命令你去做一件不可能的事,上帝要让我们成为能够遵守这一命令的造物。他(在圣经中)曾说我们是"神",现在他要让自己的话成为现实。如果我们允许(因为我们若愿意,也可以阻止他),他会让我们中间最软弱、最卑鄙的人变成男神或女神,变成一个光彩夺目的不朽的造物,浑身上下充满着现在无法想象的活力、快乐、智慧和爱,他会让我们变成一面明镜,毫无瑕疵,圆满地(当然,在较小的程度上)反映出他自己无穷的力量、喜乐和善。这个过程会很漫长,有些部分还很痛苦,但是不可避免。上帝说到做到。

好人或新人

　　上帝说到做到。那些将自己交在他手中的人会变得完全，因为他是完全的，具有完全的爱、智慧、喜乐、美与不朽。人的这种改变在此生不会结束，因为死亡也是这个过程中重要的一部分，每个具体的基督徒在离世之前的变化程度因人而异，是不确定的。

　　我想，现在我们该来考虑人们常问的一个问题，即，如果基督教是真理，为什么不是所有的基督徒都明显比所有的非基督徒要好？这个问题背后的想法有些非常合理，有些一点也不合理。合理的地方是：如果归信基督教对一个人外在的行为没有任何促进，如果他仍然像以前那样势利、嫉妒、心术不正、野心勃勃，我想，我们一定会觉得他的"归信"在很大程度上是假的。一个人在最初归信之后，每次认为自己取得了进步，都可以拿此来检验。感觉良好，对事物有了新的洞察，对"宗教"更感兴趣，这些若对我们实际的行为没有促进，都是毫无意义的，就像人生病，如果温度计显示你的体温仍在升高，"感觉好点"并无多大益处。在这个意义上，外界根据结果来评判基督教是很正确的。基督告诉我们，要根据结果来评判，凭着果子就可以认出树来，或者像我们说的，布丁好不好，尝尝便知道。当我们基督徒行为恶劣，或者没有做到行为端正时，我们就使得基督教在外界看来是不可信的。战时的标语告诉我们，不负责任的流言要以生命为代价，同样，不负责任的生命要以流言为代价也是真的。我们不负责任的生命会促使外界去传播流言，我们给了他们传播流言的根据，这样的流言让人对基督教的真理本身产生怀疑。

外界还有另外一种要求结果的方式，这种方式也许很不合理。他们可能不仅要求每个人在成为基督徒之后生命都有长进，在相信基督教之前，他们还可能要求看到，整个世界清楚地划分为两大阵营——基督徒与非基督徒，在任何时刻第一阵营中的所有人都明显比第二阵营中的所有人要好。这种要求从几个方面看是不合理的。

（1）现实世界的情形远比他们想象的复杂。世界不是由百分之百的基督徒和百分之百的非基督徒组成。有些人（这样的人数目很多),包括教士,实际上已慢慢地不再是基督徒,但是仍称自己为基督徒;另有一些人,他们虽然还没有称自己为基督徒,实际上已在慢慢地朝这个方向发展;有些人虽然没有接受基督教关于基督的全部教义,但是深受基督的吸引,在远比自己理解的深刻的意义上属于基督;有些人信仰其他宗教,但是受到上帝隐秘的引领,专注于自己的宗教中与基督教一致的部分,因此,不知不觉地属于了基督。如一位善良的佛教徒有可能受到引领,越来越专注于佛教中关于慈悲的教导,舍弃了其他方面的教导(虽然他可能还会说,他相信这些教导)。在基督诞生之前的很多好的异教徒可能都属于这一类。当然,总是有很多人,他们的思想很混乱,头脑中堆积着许许多多互相矛盾的信念。所以,要想从总体上评价基督徒和非基督徒,没有太大用处。从总体上比较猫和狗,甚至男人和女人,都有点用处,因为在这方面我们明确地知道谁是谁;再者,动物也不会(无论是渐变还是突变)从狗变成猫。但是,当我们将总体的基督徒与总体的非基督徒进行比较时,我们想到的往往根本不是我们认识的真实的人,只是来自小说和报纸的两个模糊的概念。你若想对坏基督徒与好无神论者进行比较,你考虑的必须是实际遇到的两个真实的人,不这样讨论实质性问题,都只是在浪费时间。

(2) 假定我们已经讨论到实质性问题,谈论的不是想象的基督徒和非基督徒,而是街坊中的两个真实的人,我们仍需谨慎,问恰当的问题。基督教若是真理,那么:(a)任何人做基督徒都比不做基督徒要好;(b)任何人做基督徒之后都会变得比以前要好。同样,如果洁齿公司的牙膏广告属实的,那么:(a)任何人使用洁齿牙膏都比不使用洁齿牙膏要好;(b)任何人使用这种牙膏后牙齿就开始变好。我从父母那里继承了一嘴坏牙,虽使用洁齿牙膏,牙齿也不比一个从未使用过牙膏的年轻健康的黑人要好,这本身不能证明广告失真。身为基督徒的贝茨小姐说话可能比非基督徒迪克·菲金尖刻,这本身不能说明基督教是否有改变人的力量。我们要问的是:倘若贝茨小姐不是基督徒,她的言语会怎样,倘若迪克成为了基督徒,他的言语又会怎样。贝茨小姐和迪克由于天生的原因和早年的成长环境,形成了一定的性格,基督教宣称,如果他们愿意,它可以对两人的性格进行新的管理。我们有权提问的是:如果两人同意基督教接管,这种管理是否改进了双方的性格。大家都知道,迪克现有的状况比贝茨"好"得多,但这不是关键。评价一个工厂的管理,你需要考虑的不仅是产量,还有设备。鉴于 A 工厂的设备状况,它能够生产出产品也许就已经是奇迹;鉴于 B 工厂一流的设备,它的产量虽高,也许还远远没有达到应有的水平。毫无疑问,A 工厂的经理一旦有可能,就会更新设备,但这需要时间,与此同时,低产量并不证明他管理的失败。

（3）我们来进一步探讨这个话题。Ａ工厂的经理将更新设备，在基督结束他在贝茨小姐身上的工作之前，她就已经变得很"好"。但是若停留于此，我们就给人一种感觉，仿佛基督唯一的目标就是把贝茨小姐提高到迪克一直所在的那个水平，仿佛迪克没有任何问题，只有不好的人才需要基督教，好人没有基督教也可以，仿佛上帝要求于人的只是"好"似的。这是一个致命的错误。实际上在上帝看来，迪克需要的"拯救"丝毫不比贝茨小姐少，在某种意义上说（我马上会解释在何种意义上），"好"与这个问题几乎无关。

你不能期望，上帝对迪克温和的脾气和友好的性格的看法完全与我们一致。这种好脾气、好性格来自天生的原因，是上帝自己创造的。既然纯属性格，迪克的胃口一旦发生变化，这些东西就会消失。"好"实际上是上帝给予迪克的礼物，不是迪克给予上帝的礼物。同样，那些在为数世纪的罪所败坏的世界上发生作用的先天因素，上帝允许它们造成了贝茨小姐的心胸狭窄、神经紧张（她的坏脾气大都由此所致）。上帝打算在适当的时候纠正她这些缺点，但对上帝来说，这不是关键，不会对上帝构成任何问题，不是他急于要解决的。上帝在观看、等待、努力的事对他来说都不易做到，因为就事情本身的性质而言，上帝自己通过单纯的行使权力也不能做到。上帝既在贝茨小姐也在迪克身上等待、观看这个东西的出现,他们可以自由地将它给予上帝,也可以自由地拒绝上帝。他们是否愿意转向上帝,因而实现他们被造的唯一目的?自由意志像罗盘的指针在他们的心中颤动。这是一个具有选择能力的指针,它可以指向真正的北方,但不是必须这样做。它愿意转动一圈,停下来指向上帝吗?

上帝可以帮助指针这样做,但不能强迫它,不能伸手把它拨到正确的位置,因为这样便不再是自由的意志。它愿意指向北方吗?这是一切问题的关键所在。贝茨小姐和迪克愿意把自己的天性交给上帝吗?此时,他们交出或保留的天性是好是坏已是次要的问题,因为上帝能够解决这个问题。

请不要误会我的意思。恶劣的天性在上帝的眼中当然是不好的、可悲的,良好的天性在上帝的眼中当然是好的,就像面包、阳光、水是好的一样。但是这些好的东西都是上帝赐予的,他给了迪克健全的大脑、良好的胃口,在他那里有丰富的供应。就我们所知,创造美好的事物不需要上帝付出任何代价,但是,扭转背逆的意志却让他上了十字架。因为涉及的是意志,所以,无论好人还是坏人都同样可以拒绝上帝的要求。迪克的"好"只是自然的一部分,这个"好"最终会解体,自然本身也会消逝。自然的原因在迪克身上汇聚,形成了一个正常的心理结构,就像它们在夕阳中汇聚,形成了一个美丽的色彩结构一样，这些自然的原因很快就会消散（这是自然的运行方式），两种结构都会消失。迪克曾有机会将这个暂时的结构转变成（勿宁说，有机会同意上帝将它转变成）永恒之灵的美，但是他没有抓住这个机会。

在此有一个悖论。只要迪克不转向上帝，他就认为他的"好"属于自己，只要他这样认为，这个"好"就不属于他自己。只有当迪克意识到他的"好"不属于自己，而是上帝赐予的礼物，并且将它回赠给上帝时，这个"好"才真正属于他自己，因为此时迪克才开始参与自己的创造。我们唯一能保留的东西，是我们自由献给上帝的东西，我们极力想为自己保留的，恰恰是我们注定要失去的。

因此，如果我们发现基督徒当中有些人仍然很坏，不要惊讶。仔细思考一下，转向基督的人当中，坏人可能多于好人，不无原因。基督在世时，人们反对他的就是这点，他似乎专门吸引"罪孽深重的人"，这也是人们今天仍然反对，将来也会始终反对的一点。你明白其中的原因了吗？基督说"你们贫穷的人有福了"，①还说"财主进天国是难的"。② 他最初指的无疑是经济上贫穷和富足的人，这些话不是同样适用于另外一

---

① 参见《路加福音》6:20。——译注
② 参见《马太福音》19:23。——译注

种意义上的贫穷与富足吗?[①] 拥有大量财富的一个危险是,你可能会对金钱带来的幸福感到十分满足,以致意识不到自己对上帝的需要。如果一切可以通过签署支票获得,你就可能会忘记,自己无时无刻不在完全依靠上帝。很显然,自然的禀赋也伴随着类似的危险。如果你拥有健全的大脑、智慧、健康、声望、良好的成长环境,你可能会对自己现在的性格感到十分满意,可能会问:"为什么硬要把上帝扯进来?"你很容易行出一定程度的善,不属于那些因性欲、嗜酒、神经衰弱或脾气暴躁而犯错误的坏人之列。人人都说你是好人,(私下里说)你自己也认同,你很可能认为,这些优点都是自己的功劳,很难觉得有进一步求善的必要。拥有这一切自然之善的人往往认识不到自己需要基督,直到有一天这种自然之善让他们感到羞辱,他们的自我满足遭到粉碎。换句话说,在这种意义上,"财主"难进天国。

对不好的人,即那些地位低下、胆怯、乖戾、冷漠、孤独的小人物,或那些情欲强烈、耽于酒色、易走极端的人来说,情况就大不一样。只要试图行善,他们立刻就会发现,自己需要帮助,需要基督,否则便一无所成。他们需要背起十字架跟从他,否则只会绝望。他们是迷失的羊,基督来到世间,特意是

---

① 指精神上的贫穷与富足。——译注

要寻回他们；他们（在一种极其真实和可怕的意义上）是"贫穷的人"，他赐福给他们，他们是他交往的"罪孽深重的一群人"。当然，法利赛人仍然会像当初一样说："基督教若能分辨一点是非，就不应该接受这些人做基督徒。"

这对每个人都是一个告诫或鼓励。如果你是好人，也就是说，如果你很容易拥有美德，要当心！给予你的越多，对你的期望也越高。如果你错把上帝赐予的天赋当成自己的美德，如果你满足于仅仅做个好人，你仍然是叛逆者，所有那些天赋只会使你堕落败坏得更甚，产生的坏影响更大。魔鬼曾经是大天使，他的天赋远远超过你，就像你的天赋远远超过黑猩猩一样。

可是，如果你是一个不幸的人——在一个充满了庸俗的嫉妒和毫无意义的争吵的家庭中长大，深受其害；并非出于自己的选择，患有令人憎恶的性变态；整天为自卑感困扰，对自己最好的朋友也要予以攻击——不要绝望。上帝知道这一切，你是他赐福的不幸的人之一，他知道你努力驾驶的那辆车有多破。继续努力，尽自己所能，将来有一天（也许在另一个世界，也许要大大提前），他会把那辆车丢进垃圾堆，给你一辆新车。那时，你可能要令我们所有人，尤其是你自己大吃一惊，因为你是在一所艰苦的学校里学会了驾驶。（有些在后的将要在前,有些在前的将要在后。①)

"好",即健全完整的人格是非常美妙的。正如我们必须努力创造一个人人都能丰衣足食的世界一样,我们必须利用一切医学的、教育的、经济的、政治的手段,创造一个能让尽量多的人成长为"好人"的世界。但是,我们千万不要认为,让每个人成为好人就是拯救了他们的灵魂。好人若以自己的善为满足,不再努力向前,背离上帝,这样的世界和悲惨的世界一样急需拯救,甚至可能更难拯救。

因为单纯的改进不等于救赎,虽然救赎总能够(甚至此时此地就能够)使人改进,最终使人改进到我们无法想象的地步。上帝降世为人是要将造物变成儿子,不只是改良旧人,而是要创造新人。这不同于驯马——教马跳得越来越高,这就像将马变成有翼能飞的造物。当然,马一旦长上双翼,就能飞越以前不能逾越的栅栏,在比赛中一举胜过自然之马。但是在双翼刚开始生长,马还未能飞越栅栏之前,可能有一段时期,它肩上的隆起部位会让它显得不伦不类,没有人知道这隆起的部位会长出双翼。

在这个问题上也许我们已经耽搁了太久。你若想寻找反

---

① 参见《马太福音》20:16"这样,那在后的将要在前;在前的将要在后了。"——译注

对基督教的论据（我清楚地记得，自己在开始担心基督教是真理时，曾怎样急切地寻找这类的论据），你很容易就可以找到一个愚蠢、讨厌的基督徒，说："这就是你引以自豪的新人！我宁愿要旧人。"但是，一旦你开始认识到基督教在其他方面是可能的，你在内心就会承认，这样做只是回避问题而已。你对别人的灵魂——他们所面临的诱惑、机遇、挣扎能有什么真正的了解？在整个的创造中，你只认识一个灵魂，那是唯一一个命运掌握在你手中的灵魂。如果有一位上帝，从某种意义上说你是独自与他面对，你不能用对隔壁邻居的猜测或在书本中读到的内容来推却他。当所谓的"自然"或"真实世界"令人麻醉的迷雾消退，你一直站立在其中的现实存在显现、近在咫尺、无法回避的时候，一切的无稽之谈、道听途说（你还能记得其内容吗？）还有何意义？

新　人

在上一节，我把基督创造新人的工作比喻成将马变成有翼的造物的过程。我用这样一个极端的例子，旨在强调这一创造不是改进而是转变。自然界中与之最近似的例子是，当我们将一定的光线照射到昆虫身上时，昆虫会发生显著的变化。有些人认为进化就是这样发生的，进化依靠的生物变化可能由来自太空的光线造成。（当然，一旦有了变化，他们所谓的"自然选择"就开始发生作用，有用的变化保留了下来，其他的变化则被剔除出去。）

如果与进化联系起来，现代人对基督教的新人观念或许能有一个最好的理解。现在人人都知道进化（当然，有些学者不相信进化），都被灌输这样的观念，即人是由低级的生命进化而来。因此，人们常常在想："下一步是什么？超越人的那个东西何时出现？"富有想象力的作家有时试图描绘下一步，即他们所谓的"超人"，但是，他们描绘出来的往往只是一个比现在的人要难看得多的怪物，为了加以弥补，他们只好给他再添些腿或胳膊。可是，假如下一步与以前有更大的不同，超出了他们的想象？这岂不是很有可能吗？几千个世纪以前，地球上进化出体形庞大、身着重重盔甲的造物，当时，若有人一直在观察进化的过程，他可能预计，未来的造物身上的盔甲会越来越重。但是他错了。未来有着它隐秘的计划，当时的事实没有一件让他预计到，未来会突然出现一群体形很小、全身赤裸、不披盔甲、头脑发达的动物，凭借这样的头脑他们将要控制整个地球。他们不仅比史前时期的巨兽拥有更强的能力，而且拥有的是一种新型的能力。下一步非但不同，而且是一种全新的不同，进化的潮流不再往人类已经看见的方向发展，而是要来一个急转弯。

我认为，常见的对"下一步"的猜测大多数都在犯同样的错误。人们看到（至少认为自己看到）人类的智慧越来越发达，对自然的控制越来越强，因为认为进化的潮流正在朝那个方向发展，所以他们想象着它会继续那样发展下去。但是，我却不由自主地认为"下一步"是全新的，它会朝一个你从未想到的方向发展，否则就几乎不能称之为新。我不但应该预料到不同，还应该预料到一种全新的不同，不但应该预料到变化，还应该预料到一种新的变化方式。用一种自相矛盾的说法，我应该预料到，进化的下一个阶段根本不属进化之列，进化自身作为一种变化方式将被取代。最后一点，当这件事发生时，若很少有人注意到它，我也不应该感到惊讶。

如果你愿意运用这些术语，我们就可以说，基督教的观点是："下一步"已经出现。这确实是全新的一步，因为这不是由聪明人变为更加聪明的人，这个变化朝一个迥然不同的方向发展——从上帝的造物变成上帝的儿子。第一例变化发生在两千年前的巴勒斯坦，从某种意义上说，这个变化根本不是"进化"，因为它不是从事件的自然过程中生发，而是从外界进入自然。但是，这应该在预料之中。我们从对过去的研究中得出"进化"的观念，未来若蕴藏有真正新奇的事物，我们建立在过去基础上的观念当然无法真正涵盖它们。实际上，"下一步"与以往各步的不同，不仅在于它来自自然之外，而且还体现在其他几个方面。

（1）它不是通过两性的繁衍进行。我们有必要对此感到惊讶吗？历史上曾经有过一段无性时期，那时繁衍是通过种种其他的手段。因此，我们也可以预料到，将来有一天两性会消失，或者，性虽然继续存在，但已经不再作为繁衍的主要手段（这种现象实际上现在就存在）。

（2）在以前的进化阶段，生物在迈出新的一步上或无权选择，或选择的余地很小，进步主要是发生在它们身上，不是它们自主的行动。但是，新的一步，从造物变为儿子的这一步是自愿的，至少在一种意义上是自愿的。这不是说，我们可以自愿地选择迈出这一步，甚至想象这一步，而是说，当这一步呈现在我们面前时，我们可以拒绝它。如果愿意，我们可以从它面前退缩，坚持自己的立场，不加入新人类的行列。

（3）我称基督为"第一例"新人，当然，他不仅如此。他不仅是新人，新物种的代表，他就是"那个"新人，所有新人的起源、核心和生命。他带着 Zoe——新生命（当然，这个"新"是对我们而言，Zoe 在它本身所在的地方永远存在），自愿进入被造的宇宙，不借助遗传，而借助"好的感染"传递这种新生命。每一个人都通过与他亲自接触获得新生命，通过"在他里面"成为"新"人。

（4）这一步迈出的速度也与以往各步不同。与人类在地球上的发展相比，基督教在人类的传播如同闪电，因为两千年在宇宙历史中几乎算不得什么。（永远不要忘记，我们都还是"早期的基督徒"。我们希望，我们之间现在这些无谓、有害的分裂是婴儿期的疾病，我们正处在啮合阶段。外界的看法无疑与我们正相反，他们认为我们已经老朽，濒临死亡，以前他们就常常这样认为。当基督教遭受外来的迫害和内部的腐败,当有些物理学和大规模的反基督教革命运动兴起时,他们都认为基督教即将死亡,但是每次他们都很失望。第一次失望来自基督被钉十字架,那个人死而复活了。在某种意义上说,自那以后复活事件就不断发生,我知道,这在他们看来一定是极不公平。他们不断想葬送他①开始的事业,可是,每次就在他们得意地拍拍坟头的泥土时,他们又突然听说那项事业仍然活着,甚至又在一个新地方发展起来。难怪他们会恨我们。)

(5) 利害关系更加重大。在以往各步中退缩,造物损失的至多是尘世上的几年生命,往往甚至连这些也不会损失。但是在这一步中退缩,我们损失的是无限的(最严格意义上的"无限")赏赐,因为生死攸关的时刻已经到来。经过一个又一个世纪,上帝将自然引领到这样一个阶段,在这里,自然产生出能直接从它之中提升、转变为"众神"的造物(如果造物愿意)。造物同意自己被提升吗?从某种角度来说,这如同出生所面临的危险。我们若不起身跟随基督,就仍然是自然的一部分,仍然位于自然母亲的子宫中。她孕育已久,非常痛苦,急不可待,现在已经到了紧急关头,伟大的时刻已经到来,一切准备就绪,医生已经到达。分娩会"顺利"吗?当然,这与普

---

① 指耶稣基督。——译注

通的分娩有一点重要的不同,在普通的分娩中婴儿没有多少选择,但是,在这场分娩中它有。我不知道,普通的婴儿若有选择权,它会做什么。也许它宁愿呆在子宫的黑暗、温暖与安全之中,因为它理所当然地认为子宫是安全之地。而这恰恰是它的错误所在,因为留在那里,它就会死亡。

基于这一认识,这样的事件发生了:新的一步已经迈出,而且正在迈出,新人已经遍布世界各地。正如我前面承认的,有些新人还难以辨认,但有些是可以辨认的。我们不时会遇见他们,他们的声音、面孔与我们不同,更洪亮,更平和,更快乐,更容光焕发。在大多数人停滞不前的地方,他们迈出了新的步伐。我说他们可以辨认,但你必须知道如何去辨认。他们不大符合你从泛泛的阅读中形成的"敬虔之人"的观念,他们不把目光引向自己,在他们善待你时,你往往认为自己是在善待他们。他们对你的爱比别人要多,对你的需要却比别人要少(我们必须克服希望别人需要自己的心理,对一些不错的人,尤其是女人,这是最难抗拒的诱惑),他们似乎常常有充裕的时间,你很奇怪这些时间来自何处。你一旦认出了一个新人,就很容易认出下一个。我有一种强烈的感觉,认为他们跨越一切的障碍——肤色、性别、阶级、年龄、甚至信条,能够立刻准确地认出彼此。从这个角度来说,成为圣洁颇像加入一个秘密会社,至少这是一件非常**有趣的事**。

你千万不要认为，新人在普通的意义上彼此相像，这个部分的很多内容可能都让你觉得，新人必定如此。成为新人意味着失去我们现在所谓的"自己"。我们必须走出自己，进入基督之中，他的意志要成为我们的意志，我们要以他的意念为自己的意念，如圣经所说，"以基督耶稣的心为心"。如果基督只有一位，他要进驻到我们所有人"里面"，我们不就是完全一样吗？听起来确实如此，实际并不是这样。

在此我们很难找到一个合适的例子，因为任何两物之间的关系和造物主与其造物之间的关系都不完全一样。但是，我会试着举两个很不贴切的例子，或许能让你了解一点实情。假定有很多人一直生活在黑暗中，你来了，极力向他们描述光。你可能说，他们若来到光中，同一个光就会照到他们所有人身上，他们就都会反射光，变成"可见的"了。你不觉得他们可能会认为，既然大家接受的是同样的光，对光的反应方式也相同（即，都反射光），因此大家看上去都一模一样吗？但是你我都知道，这光实际上显示出他们是如何地不同。再举一个例子。假定一个人对盐一无所知。你给了他一小撮盐，他品尝到一种独特、强烈的味道，然后你告诉他，在你们国家，烧一切菜都放盐。他难道不会回答说："既然如此，我想，你们所有的菜尝起来都是一个味道，因为你刚才给我的那个东西味道很强，会遮盖一切其他东西的味道"？但是你我都知道，盐真正的作用恰恰相反。它非但不会遮盖鸡蛋、牛肉和洋白菜的味道，实际上还会把这些味道突显出来，不加盐，这些东西真正的味道便显现不出。（当然，正如我刚才提醒的，这不是一个贴切的例子。因为盐加得太多，最终会把其他的味道都遮盖掉，但是，一个人身上基督的成分再多，也不会丧失他人格的味道。我这样举例，是要尽最大的努力，让你明白这点。）

基督与我们的关系也与此类似。我们越让现在所谓的"自己"退居一边，让基督掌管我们，就越成为真实的自己。基督是如此地丰富，成千上万个迥然相异的"小基督"也永远不足以将他完全彰显出来。他创造了他们，就像小说家创造小说中的各种人物，他创造了所有这些迥然相异的人，原本就打算让彼此不同。从这种意义上来说，我们真正的自我都在他之中，等待着我们去实现。不想要基督，只想"成为我自己"是没有用处的。我越抵制他，越想靠自己而活，就越受自己的遗传、养育、环境和自然欲望的约束。实际上，我如此骄傲地称为"我自己"的那个东西，只是众多事件的交汇处，这些事件既非由我引发，也非我能阻止；而我所谓的"自己的愿望"不过是一些欲望，这些欲望或由我自己的生理机制产生，或由他人的思想注入，甚至是魔鬼的暗中指使。我把向火车上坐在对面的女孩求爱视为自己极其个性、极具鉴赏力的决定，而它真正的起因则可能是我吃了鸡蛋，喝了点酒，睡了一夜好觉；我自认为是个人的政治主张,其真正的来源可能是舆论宣传。在自然的状态下,我远非像自己喜欢认为的那样,是一个人,所谓的"我"大部分都很容易从别处找到解释。只有当我转向基督,接受他的人格时,我才第一次开始有了自己真正的人格。

在本章的开头,我谈到上帝有三个人格。现在我要进一步说,在上帝之外没有真正的人格,人不将自我交付给上帝,便不会有真正的自我。在最"自然的"人中最能找到相同,在顺服基督的人中却不能,古往今来的大暴君、大征服者千篇一律地相像,而那些圣徒却令人瞩目地不同。

必须彻底放弃自我,可以说,必须"盲目地"抛弃自我。基督确实会赋予你一个真正的人格,但你千万不要为了人格去寻求他,只要你关注的仍然是自己的人格,你就没有真正去寻求他。你要做的第一件事就是要努力彻底地忘记自我。只要你在寻求自我,真正的、崭新的自我(这个自我是基督的,也是你的,正因为是他的,所以才是你的)就不会出现。只有在你寻找他时,这个真正的、崭新的自我才会出现。这听起来很奇怪,是吗?要知道,在一些普通的事情上,道理也是如此。在社交生活中,除非你不去考虑自己在给别人留下什么印象,否则,你绝不能给别人留下好印象。在文学、艺术中,一心想有独创性的人绝不会有任何的独创性,但是,如果你只想讲出真理(一点也不在意这个真理以前怎样频繁地被人讲述),十有八九在无意之中,你就已经有了独创性。这个原则贯穿整个生活的始终。放弃自我,你就会找到真正的自我,丧失生命,你就会得到生命。每天顺服于死亡,顺服于自己的抱负、挚爱的心愿的死亡,最终顺服于整个身体的死亡,全心全意地顺服,你就会发现永恒的生命。要毫无保留,你尚未放弃的东西没有一样真正属于你,你身上尚未死去的东西没有一样能从死里复活。寻找自我,最终你只会找到仇恨、孤独、绝望、狂怒、毁灭、朽坏,但是,寻找基督,你就会找到他,还会找到附带赠送给你的一切。

图书在版编目(CIP)数据

返璞归真 /(英)路易斯(Lewis, C. S.)著;汪咏梅译. --修订本.
--上海:华东师范大学出版社,2013.7
　ISBN 978-7-5675-1058-6

I.①返… II.①路…②汪… III.①基督教—人生哲学 IV.①B97

中国版本图书馆 CIP 数据核字(2013)第 171345 号

华东师范大学出版社六点分社

企划人　倪为国

路易斯著作系列

返璞归真

著　　者　(英)C. S. 路易斯
译　　者　汪咏梅
责任编辑　倪为国
封面设计　姚　荣

出版发行　华东师范大学出版社
社　　址　上海市中山北路 3663 号　邮编　200062
网　　址　www.ecnupress.com.cn
电　　话　021－60821666　　　　行政传真　021－62572105
客服电话　021－62865537
门市(邮购)电话　021－62869887
地　　址　上海市中山北路 3663 号华东师范大学校内先锋路口
网　　店　http://hdsdcbs.tmall.com

印　刷　者　上海景条印刷有限公司
开　　本　787×1092　1/32
插　　页　4
印　　张　8.25
字　　数　115 千字
版　　次　2013 年 12 月第 2 版
印　　次　2025 年 4 月第 18 次
书　　号　ISBN 978-7-5675-1058-6/B·796
定　　价　38.00 元

出版人　王　焰